ちくま文庫

焼肉大学

鄭大聲

筑摩書房

メニュー

焼肉大学

韓国(大韓民国)
朝鮮民主主義人民共和国
平壌
大同江
元山
黄海南道
開城
板門店
臨津江
ソウル
漢江
仁川
広州
京畿道
江原道
太白山脈
東海
(日本海)
忠清北道
忠清南道
公州
安東
慶尚北道
西海
(黄海)
錦江
全州
大邱
慶州
小白山脈
全羅北道
慶尚南道
洛東江
金海
釜山
栄山江
光州
晋州
全羅南道
珍島
対馬
済州道
佐世保

はじめに

今、日本では空前の焼肉人気である。全国の焼肉店の数は年を追うごとに増え、折からの韓国ブームもあいまって、本場韓国に焼肉ツアーに行く人たちも多いことだろう。確かに、朝鮮・韓国の食文化といえば焼肉料理であることは間違いない。しかし、牛や豚などの肉を直火で焼いて食べるというこの素朴な料理も、そのルーツをたどっていけば意外な歴史が見えてくる。実は、朝鮮半島で焼肉料理が隆盛を遂げたのは、十四世紀のこと。そう大昔の話ではないのである。

この事情を理解するポイントが二つある。それは、「仏教」と「蒙古」である。

四世紀すぎ、朝鮮半島は三国に分かれていた。北部の高句麗《こうくり》、南西部の百済《くだら》、そして南東部の新羅《しらぎ》の、いわゆる三国時代である。そこに、仏教が伝播《でんぱ》した。三七二年、高句麗が仏教国家となったのを皮切りに、三八四年には百済が、そして一世紀半ほど遅れて新羅も仏教を国教と定め、かくして六世紀半ばには、朝鮮半島全土が仏教の戒律に従う生活を営むことになったのである。

その戒律の一つ、「殺生の禁止」は、家畜の食用を禁じた。もともと、紀元前後に朝鮮半島に定着していた貊《はく》族（扶余《プヨ》国）は、家畜の料理法にも長《た》けていたとみられ、肉食文化はその頃からあったと考えられる。この基層の文化と、食味のよい肉食嗜好《しこう》を封じ込めることは容易ではなく、戒律は必ずしも徹底されなかったようだ。とはいえ、食肉禁止を旨とし、植物性の食材を利用する「精進料理」的な生活は、以後約七世紀もの間、続くことになる。

やがて、この食生活に変化が起きる。それをもたらしたのは、大陸から侵入してきた遊牧民族「蒙古」であった。朝鮮半島への南進を企てていた蒙古と高麗《こうらい》の戦いは、幾度となく繰り返された。この戦いは、バイタリティ溢《あふ》れる肉食民族と、農耕定住型で精進料理の生活をしていた民族との戦いでもあった。その勝敗の帰趨《きすう》は、食生活の差が大きく影響したのであろう。一二五九年、ついに高麗は蒙古の軍門に降《くだ》り、以後、朝鮮半島は、遊牧民族の生活文化の影響を受けることになる。

蒙古は支配した高麗の主要地に屯田兵を置き、兵たちの必要な食糧として牛を徴発しようとした。しかし、高麗には十分な家畜がいなかったので、蒙古は牧場開発に乗り出した。一二七六年、南の済州島《チェジュド》に牧場を開いたことが記録されているが、温暖な気候と家畜を襲う猛獣がいない済州島が、最も適していたからであろう。ここ以外にも、屯田兵の駐留する地域の周辺には多くの牧場が設けられていった。

生産された家畜は、蒙古人の持つ優れた加工法・料理法によって食用とされていく。仏教が信仰されていたことは変わりなかったが、食生活としては戒律を守ることはなくなっていった。今日の朝鮮半島の食肉文化は、この時代を一つの節目として肉料理発展の方向へと転換する。こうして、十四世紀の高麗時代に、肉食は復活することになったのである。

高麗の都・開城《ケソン》（現在は北朝鮮）でよく知られた肉料理が、文献に登場する。雪夜炙《ソリヤジョッ》、雪下炙《ソルハジョッ》、雪裏炙《ソルリジョッ》などと呼ばれる焼肉料理である。都のエリートたちが食べていた料理で、今日のプルコギそのものである。例えば、こう記されている。

「雪夜炙は開城府（高麗時代の都）にむかしから伝わる名物料理で、つくり方はあばら肉や心臓を油と葷菜《くんさい》で調味して焼き、半分ほど焼けたところで冷水にしばらくつけ、炭火の強火でもう一度焼けば、雪の降る冬の夜の酒の肴《さかな》によい。肉がとても柔らかく美味である」（『海東竹枝』崔永年、一九二五年）

その後、時代は変わり、十四世紀末には高麗政府は倒れ、李氏朝鮮時代（李朝）となる。朝鮮の政策は仏教を廃して儒教を国教とした。これを「崇儒廃仏」と呼ぶ。これによって、名実ともにタブーとされなくなった肉や魚の料理が、本格的に復活した。タブーどころか、儒教によるさまざまな通過儀礼が生活の中で重きをなしはじめたことに対応していったのである。冠婚葬祭など人の多く集まるときの飲食は、儒教の習俗の中でもとりわけ大切なもので、親族はもちろんのこと、近所の人たちの共同作業が欠かせないものだったから、酒、餅、麵、キムチ、そして肉や魚の料理技術などは、このような場を介して発展した。いってみれば、これらの料理法は調理に携わる人にとっては、身につけていなければならない「生活文化」だったのである。

以後、長く独特の食文化が育《はぐく》まれたのだが、これが日本にもたらされたのは、現代になった二十世紀のこと。日本による朝鮮の植民地支配の結果である。

筆者の親の世代が日本に来た昭和初期には、いまだ焼肉料理を生業とする者はいなかった。現在から考えると、信じがたいような話だが、「肉を直火で炙《あぶ》って焼く」という調理法は、日本では一般的ではなかったのである。

しかし、昭和二十年の敗戦直後に起きた社会的混乱と極度の食糧不足が、状況を大きく変えた。在日朝鮮・韓国の人たちが、生きる糧として、慣れ親しんだ故郷の食生活を「食堂」などの形で外食産業化したのだ。ここに至って、焼肉料理は、すき焼きやしゃぶしゃぶなどとは一味違う新しい料理として、広がりを見せはじめるのである。

昭和二十年代には、店舗数もさほど多くなかったものの、三十年代に入ると、折からの高度成長の波に乗って、焼肉料理店は急速に増えていった。調理法にしても、直火で焼く方法から、炭火、ガス火へ、道具もコンロから無煙ロースターへと変化し、「店舗文化」も発展した。「煙たかろう、おいしかろう」から、「煙たくない、おいしい料理」へと質的に変化した焼肉料理は、今や、仕事の接待にも使われるほどの「高級料理」と化したのである。

不況の声もどこ吹く風とばかりに、外食産業界の中心になった感すらある焼肉料理。本書を通して、その歴史と食文化の奥深さに触れていただければ幸いである。そしてまた、おいしい焼肉料理の席の、楽しい会話の一助ともなれば、それは望外の喜びである。

肉・各種と薬念

고기, 양념

ユッケ

意外に古い料理

焼肉店で肉を焼かない生肉料理がある。肉膾《ユッケ》である。ユッケはごくポピュラーな料理で酒の肴《さかな》によく合う一品だ。

冷たいビール、冷酒を喉《のど》に通してから、冷たい肉料理をひと口。こくのある味わいが口中に広がり、何とも表現しがたいおいしさである。

肉膾の肉とは牛肉のこと、膾とは「さしみ」つまり生肉料理のこと。

この一品の味わいが、その店の良否のバロメーターになるという方もいるくらい、このメニューの味は大切だといえよう。

牛の赤身の肉をきざみ、ゴマ油で味をととのえることがポイントなのだが、卵黄を生肉の中央に盛りつけるのが一般的。牛肉の赤色、卵の黄色の対照が、見た目にも食欲をそそる。それに果実類を細長くきざんで添えるのだが、これにはかつて梨が使われていた。赤色と黄色、そして梨の白色が定番のメニューであった。

梨が使われたということは、それが収穫される秋から冬にかけての時期によく食べられたメニューだったということを意味するが、いまは季節感がうすれ、入手できるものを使うようになってきている。

朝鮮半島に果実のりんごが普及するのは十八世紀以降で、それまでは果実は梨、桃、栗などが中心であった。したがってユッケに梨が使われるということは、少なくとも十八世紀以前から存在した古い料理であることがはっきりする。

またこのメニューには辛味が用いられていない。これは辛いトウガラシが朝鮮半島に知られる前のメニューだったことを示唆し、そもそもこの生肉料理には辛い味が合わないことも意味している。

ユッケとタルタルステーキ

このユッケという料理が、西洋料理でいうタルタルステーキとルーツを同じくしていることを知っていらっしゃるだろうか。

簡単にいえば、ユッケは東部ヨーロッパに比較的多くみられるタルタルステーキと同じなのである。タルタルステーキはフォーク、ナイフ、ユッケは箸《はし》で食べるところがちがうだけで、内容はよく似ている。

そもそもこの料理のルーツは中央アジアの遊牧民族の生活にあった。タルタルとはモンゴルという意味である。ステーキタルタル、ビーフタルタル、ステック・タルタルとも呼んでいる。

中央アジアの遊牧・肉食民族でもある蒙古が、ジンギスカンの力でその勢力を誇ったとき、中国、朝鮮半島へと勢力を伸ばしてきた。その結果、朝鮮半島の高麗国は十三世紀半ばから支配下に入る。

このとき蒙古はヨーロッパにも大きく勢力を伸ばし、彼らの生活文化は、その支配した地域にかなりの影響を及ぼしたのである。

このときにユッケとタルタルステーキが根を下ろしたのだ。

高麗時代の朝鮮半島は、仏教を信じ、農耕の定住生活を営んでいた。とくに仏教は国教で、殺生を禁止し、肉食もしないというのは、蒙古の生活様式とはきわめて対照的なちがいであった。焼肉の本場、朝鮮半島もその昔は全く異なる食文化を築いていたのである。

ここに相反するともいえる生活文化を持った支配者が君臨したからには、その文化の浸透力はインパクトのあるものだったとみてよい。

こうして畜肉料理は仏教の戒律を骨抜きにして普及していった。

別項で取り上げる各種の肉料理の多くは、この時代、生活に根を下ろしたのである。生肉料理のユッケもそのひとつである。

脂や筋のない赤身の肉を使っているところにも当時の知恵がみられる。当時の牛は今日のように肉牛ではなく役牛で働いており、脂が乗っていないどころか肉も硬いものであった。

このような牛の赤身の部位（主としてフィレ肉、背肉）を食べやすくするために細く刻んだのである。脂身は柔らかいが生食に適さない。脂が生のままで空気にふれて時間が経てば、酸化という現象が起きてしまうからだ。この脂身のないところを選んで生肉料理にしたことは、理にかなっているのである。まさに遊牧民の生肉料理の知恵だといえよう。

ユッケの季節

焼肉店のユッケ料理には卵黄がのせられており、一方西洋のタルタルステーキも卵黄をのせるのが特徴となっている。

モンゴルの草原地帯で鶏の卵を得るのは不可能だったろうと考えられ、朝鮮半島や西洋で後世に加わった知恵ではないかとも思われるのだが、野生の鳥類の卵を利用したのではないかとも考えられる。いずれにしても肉の部位も貴重なものだし、鳥の卵もそれに見合うほど得がたいものなのだから、この料理は遊牧民たちの中では、最高の位置を占めるものであったと考えてよいだろう。またそれくらい珍重すべきものだからこそ、支配をした地域に文化として残ったと思われる。

いまから七年前ハワイに行った折、コリアンバーベキュー店で、ユッケを注文したところ、出て来た肉が霜降りの冷凍肉をスライスしたものだったのには驚いた。解凍もされてない肉を前にして、経営者の韓国女性に問いただしたのだが、彼女は「これがユッケ」なのだとして平然としていた。彼女らの受けとめ方は牛の生肉ならユッケだということのようで、しかも、牛肉の中でも上等の霜降りなら、「最上ではないか」といわんばかりなのだ。結局この料理には手をつけなかった。料理は時代や場所で変わるものとはいえ、ユッケ料理の本場ともいうべき韓国の人の料理オンチには困ったものである。

ところで、今でこそユッケは誰もが口にすることのできる庶民の食べものといえるが、もともとは宮廷でのみ食べられた高級料理だった。

一七九五年二月の記録に見る王のメニューには昼食にユッケが出されている。

二月というのは旧暦とはいえ寒いときである。つまり生肉が腐敗しにくい時なのである。冷蔵庫のなかった時代、ユッケを食べるシーズンは冬であったとみてよいだろう。

そして一日のうちでも、朝や夕よりも昼食に出すのが適当なメニューであったのだろう。ユッケは冬の昼食料理だったということになる。宮廷料理メニューで見る限りでは、猪肉つまり豚肉も使われている。

前述したように、李朝の前の高麗時代にモンゴルが朝鮮半島を支配したことからこの料理法が定着するのだが、この料理は王様のメニューなどのごく限られた人たちの食べものだったとみてよい。

庶民が食べるようになるのはどうやら李朝時代が終わる二十世紀初め頃からのようだ。それは宮廷料理の内容が外に知られるようになることがひとつの節目となっている。李朝廃絶によって世に出たメニューと考えてよい。庶民料理としてメニューに登場するのは二十世紀になってからで、料理本に見られるようになる。

今でこそ夏の暑いときに、冷たいビールか酒、ワインなどを楽しみながら、冷たいユッケを食べる醍醐味《だいごみ》は何ともいえないが、このユッケが本来、冬の宮廷料理であり、そうなった理由がモンゴルにそのルーツがあるからだと気づく人は少ない。生肉のユッケ料理は、ジンギスカンの足跡のあるところに広がっていった肉食文化なのである。

ロース

人気抜群のメニュー

焼肉店のメニューの中でもっとも注文の多いメニューが、かつてはこのロースであった。子供から大人まで幅広く好まれ、とくに女性には圧倒的な人気がある。今はタン塩にその座を奪われたが、もっともポピュラーな焼肉材料がロースということになる。

ロースという呼称は英語由来である。ロース肉にも種々あって価格も安いものから高いものまで幅がある。ロースは牛の体の部位としては三カ所ある。肩の付近の肩ロースは柔らかくて脂の入りも良く焼肉にしてもすき焼きにしても風味が良い。アメリカやオーストラリアではチャックロールと呼ばれ、高級材料とされている。

次にリブロースと呼ばれるのは、肩ロースの後ろの背から腹の上部にかけての部位。肩ロースより脂身の多いのが特徴。切り口にきれいな脂肪の霜降りを見ることができる。アメリカではリブロイヤルと呼ばれている。焼肉にするとこの脂身が微妙な味の演出をしてくれる。

リブロースよりさらに後ろの背から腹にかけての部位をサーロインと呼ぶが、これがロース肉としての最高の部位とされる。ただ表面に脂肪がべったりあるので、これを取り除いて材料とされている。

このようにロースとされる部位は、牛の体の中央から前にかけての、背から腹の上部あたりのところの肉である。

成分でみるとタンパク質が大体二〇％未満、脂肪が一〇～二〇％までの間だが、脂肪の方が少ないのが普通である。

肉質が柔らかく、赤身のタンパク質と白い脂肪とがきめ細かく入り混じって、いわゆる「霜降り」を見せてくれる肉なのである。

しかし、肝心なのは焼き具合だ。軽く火の通った状態と、焼きすぎてパサついた状態では、味が大きく違ってしまう。それは、肉のテクスチャー（食感）が味に影響を与えているからである。

ところが焼肉材料の中でも、このロースとカルビ（三四頁）は、もっともこの条件に敏感といえるだろう。それはタンパク質と脂肪の比率が接近しているからである。

ロースのおいしい食べ方

赤身のタンパク質の多い部分は加熱されると収縮して、肉汁が外に出てくる。これにはイノシン酸やアミノ酸などのうま味の成分が含まれている。焼肉のおいしさのひとつだが、ロースは肉が柔らかいだけに、うま味成分が外に出やすい。白い脂肪が加熱によって簡単にとけて肉汁となるからである。

そこで適度な焼き方というものが必要となってくる。この肉汁のロスを抑えるためにはどうしたらよいか。

それは高温で短時間に焼く方がよいのだ。

逆に加熱をゆるやかにすれば、タンパク質の収縮はゆっくりと進むが、その間に肝心の肉汁が多く逃げてしまい、うま味のないパサついた状態になってしまうからである。

まず強火で短時間かるく焼き、火が通ったらすぐ、焼き網の温度のあまり高くないところに肉を移動させるとよい。レタスなどの冷たい野菜に包んでいただくのは、同じ効果をもたらす、理にかなった食べ方である。

肉汁のロスをできるだけ少なくした方がよい理由はもうひとつある。

にじみ出た肉汁が火の上に落ちると、直ちに燃えて煙とともに炎となって上がる。実は、これがせっかくの味を駄目にしてしまうのである。

というのも、肉汁のタンパク質や脂肪が燃えると悪臭の成分が発生してしまい、いやな匂いを肉に付着させる結果になるのだ。

とくにタンパク質は匂いを吸着しやすい性質を持っている。肉にいやな匂いをつけてしまっては、風味のよいロースやカルビは台無しになってしまうのだ。

ロース肉人気の背景に……

ところで、焼肉の本場の韓国で、もっとも一般的な材料はこのロース肉である。伝統的な焼肉法であるノビアニ（八四頁）は、台所で味つけして焼いたものを器に盛って出すことになっていた。焼き上げてから食卓に運んで、少し冷めても、ロース肉は脂身がないので舌触りよくいただける。脂身のある肉だと冷めて固まると舌触りが良くない。その意味では、ロース部位はノビアニ法の焼き方に適した材料であった。

肉などに卵黄や小麦粉を溶いた衣を着せて油で焼く煎《ジヨン》料理にもロース肉が一般に使われる。これも温かいうちにいただくというよりも、つくり置きをしておく料理なので、脂身のないのが望ましいのである。

今日のように、焼き道具を囲んで、直接、焼き具合を確認しながらいただくプルコギ法（八五頁）になってから、脂身のある部位や内臓肉の方が、より広く用いられるようになったとみてよいだろう。

日本でロース肉に人気がある理由のひとつに、すき焼きに馴れた味覚があると思われる。

そもそも、すき焼き肉のテクスチャーは硬くない方がよい。柔らかい肉というのがすき焼きのイメージである。このすき焼き文化の肉の味を知った人たちが、仮に初めて焼肉料理に接したとき、料理法と味は違っても、肉のテクスチャーには似たものの方が、抵抗もなく受け入れられるであろう。

このすき焼き文化がベースになって、焼肉の隆盛期のトップメニューがロース肉になったとみることが出来よう。

今はタン塩にその人気の座を譲ったとはいえ、ロースはそれに次ぐ、焼肉店でのごく無難なメニューであることには間違いない。

ついでに、珍しい肉をいくつか紹介しておこう。

ロース肉より少し硬いが薄味のあるのがツラミである。

面身《ツラミ》から来た言葉だが、別にかしら肉とも呼ばれる。牛の頭部、つまり首から上の部位から取れる肉である。限られた部位なので、一頭から得られる量は多くない。したがって、焼肉店がこれを常備のメニューとすることができるほど商品の流通がきかないので、食べられる店は限られている。関西地方で食べさせてくれるところが多いと聞く。

アギ肉というのは、あごの部分である。ツラミよりも硬い。これも一頭の牛から取れる量は限られている。これはツラミよりはるかに硬い。反芻《はんすう》動物の牛が草を食べるため動かしつづける場所のあごだから筋肉は発達しているわけである。

しかし、これも上手に料理をした焼肉店では品切れになるくらいの人気メニューである。主に京都・大阪の店でお目にかかれるようだ。

カルビ

人気メニューの高級肉

焼肉店での人気ではロースに勝るとも劣らないのが、このカルビである。カルビとは、肋骨《ろっこつ》つまりあばら骨の付近を指す朝鮮語であるが、今やすっかり日本語に根づいている。ロースが牛の背から腹の中ほどくらいまでのものとするならば、カルビはその下の部分にある肉だ。

焼肉料理のメニューの中でも、高級で値も張るものなので、韓国へのパックツアーの食事には、常にこのカルビのメニューが用意され、キャッチフレーズになっている。焼肉いや韓国料理のグルメの典型として、カルビ焼きはサムゲタン、ポサムキムチなどと共に挙げられるのだ。

たしかに、病みつきになるほどおいしい。一般にロースより少し歯ごたえがあり、赤身肉と脂身のまじった肉質は、火が通るとさらにジューシーな味わいとなる。骨つきカルビや骨からはがした部位肉ではすじ肉がついており、この硬さを味わうのもまた、ロースとのちがいである。

カルビも大きく三つに分かれ、牛の前方の足の上部の腹のところを肩ばら、たっている牛の真下の部位を中ばら、腹部の左右両側を外ばらと呼んでいる。中ばらの肉で、アメリカやオーストラリアなどではショートリブと呼ばれるところがカルビで、中ばらの一部になる「かりの身」と呼ばれるのが上カルビとされる。外ばらにも外ばらとささ肉と二つあって、外ばらが並のカルビ、ささ肉が上カルビとされる。

肩ばらは一般にブリスケットと呼ばれており、並のカルビとなることが多い。

ばら肉すなわちカルビの栄養成分は、取った部位や上と並のちがいによって異なる。赤身のタンパク質と白の脂肪の比率によってちがってくるのだ。いずれにせよタンパク質と脂肪が中心で、エネルギー量が豊富。無機質ではリンとカリウム、ビタミンはAとナイアシンが含まれている。

疲れをいやすのに、また体力をアップさせるのに、カルビなどの焼肉を食べるのが早道だというのは、これらの栄養が効果的だからである。

朝鮮通信使の接待にも

ハツのメニューのところでもふれる（四五頁）が、焼肉用の材料として昔からカルビは上物扱いであった。

それは牛だけではない。朝鮮半島でよく使われる豚肉でも、あばら骨のついたカルビのところが、もっとも上等でおいしいところと決められているのだ。

このことを裏付けてくれる資料が日本に残されている。

センマイのところでも取り上げてある（六三頁）、一七一一（正徳元）年に来日した朝鮮通信使の接待のための好物料理文書『信使通筋覚書朝鮮人好物附之写』（山口県上関町教育委員会、平成八年）の獣肉のところに、各種の肉材料とその料理法が記されている。牛の部位を焼く方法もみられるが、興味深いのは、江戸時代の日本人がカルビの項目を特記していることである。

それには、

　肋　　　アバラ也

彼国にてカルビといふて、賞味する物なり、長さ三寸程宛《ずつ》に切、肋に付たる肉少宛有此《これある》肉を五歩程宛に切目入、油、せうゆニて能炙《よくあぶり》すゝむ、肋、胃一方にハ肉付けず、肉付たる方を五分程ヅ、胃きわ迄切目入て炙たるべし、ゆでてもよし、大人小人によらず賞味するなり、膳部の時は不レ用《もちいず》、吸物す間々見合、肴に出し候時ハ、百味もこれには不レ及《およばず》ほど賞翫《しょうがん》也。

先ずカルビという記述があることである。肋の部分をカルビと表現している事実が、江戸時代の古文書にみられることは甚だ面白い。

さらにこれを「賞味する物」、つまり高級肉とすることが、日本側の調査でも知られていたということが分かる。

次に料理法である。「長さ三寸程宛に切」とあり、「肋に付たる肉」とは、骨付き肉という意味で、三寸（約十センチ）程に骨ごとの肉を切るとのことである。肋（骨）に付たる肉、すなわち骨付きカルビに切り目を入れて、「油、せうゆ（しょうゆ）ニて能炙すゝむ」とは、よく焼くとの意味である。「胃一方にハ肉付けず」とは、骨の内側つまり胃のある面には肉はないので、肉のある外ばらの方に切り目を入れろ、とのことと理解できる。

これは今日のカルビの料理法と基本的に同じなのである。

この通信使が日本に来た時代の朝鮮での肉料理法が、日本側の調査資料によって、逆に明らかにされるというわけである。

また、ゆでてもよし、吸い物（スープ）、肴にすれば、百味もこれに及ばないほど賞翫也、とは、牛のカルビという部位肉が、生活の中できわめておいしい高級なものとされていたかを、立派に裏付けてくれている。

ところが不思議なことに、これほどおいしく、高級感のあるカルビの焼肉が李朝の宮廷料理メニューにはない。ロース肉とレバーはあるのに、である。

それが「朝鮮人好物」の調査メニューでは、どうして最上とされたのか。

おそらく、宮廷料理になりにくかったのは、やはり肉質がやや硬くて、筋があるためだろう。王の食事するさまに上品さを求められたことが、こうさせたのかもしれない。

一方、王以外の高級官僚やエリートたちには人気だったのであろう。そこで、対馬《つしま》藩の侍たちが朝鮮通信使の接待料理を調査した時には、カルビの焼肉を最上のものとしたのだと考えられる。

おいしい食べ方

カルビメニューには鋏《はさみ》が準備されていることが多い。ロースなどにはこれはない。

カルビはあばら骨に付いている肉なので、骨の周辺をうすく大きく切り広げることで、焼肉用に供する形になる。しかもロースとはちがってすじ肉が少しあるので、こうした方が食べやすい。もっとも、食べやすさだけを考えれば、最初から適当な大きさに切り分けておけばよさそうなものだが、カルビ肉特有の見た目の高級感を演出するために、わざわざ骨つき肉を大きく切り広げたまま、鋏を添えて出すのである。

この目的を理解して、あくまで焼きすぎないことに注意しながら鋏を使いこなすことが、おいしくいただけるコツだろう。店員にまかせて切ってもらうよりも、自分の好みに合わせた大きさに切って、焼き具合を調節しながら味わうのが、カルビの味を生かした食べ方といえるだろう。

鋏のあるなしにかかわらず、骨付きカルビの場合、このメニューの醍醐味は、骨についたすじ肉部分をいただくことである。

カルビには脂も適当にあり、その肉汁と肉のテクスチャーがほど良い味わいを出すので、タレは出来るだけうすいものが良い。

肉汁のジューシーさを生かしたニンニク、生姜《しょうが》、果汁など香辛料としょうゆをうまく合わせたものが肉のおいしさを引き立ててくれるだろう。

肉を噛み引きちぎるのではなく、骨を両手で持ち、すじ肉と骨の間に歯を入れてすき間をつくり、そのすき間から歯ではがすようにすると、きれいに肉の部分がとれる。骨には一切肉は残らない。

これが元来の骨付きカルビ料理（焼肉法でない料理もある）の食べ方なのである。ただ見た目に手に骨を持ち肉をはがすさまはみっともない、というようなところから鋏を使うことが導入されたようだが、食べる格好を気にしなければ、この方が余程おいしいのだ。

私は骨付きカルビを食べるときは、必ずこの方法である。

骨がついていないカルビメニューも多い。ロースなどと同じ方法で焼くこともあるが、私の好きなのは、ネギカルビというメニューである。

上カルビ肉では余分なすじ肉や脂肪が取られている。この肉のひと口大のを皿に並べ、上にたっぷりのネギを盛る。長ネギの白い部分をきざんだものである。このきざみネギはニンニク、塩、胡椒、ゴマ油などで味つけされている。

焼くときは、ネギを上にして、途中でひっくり返すことはしない。いただくときにはタレではなく、レモン汁がよいだろう。塩味と酸味にネギの刺激で、上カルビのジューシーな味が堪能できる。

私がこの味を知ったのは十五、六年前、東京の晴海の近くにある小さな焼肉店だった。韓国から来た人の店らしく、ここのメニューは、これ一本であった。人気のあるメニューということで狭い店には外で順を待つ人が並んでいたことを覚えている。この料理法は韓国では知られたもので、ソウルには食べさせるところがあるようだ。

日本でもこのメニューが評判になり、これを真似るところが出たのだが、いまひとつ広まらないのは、塩分の摂りすぎが敬遠されるということと、盛りつけの準備に手間がかかることなどがあるようだ。

しかし、食べる側にとっては、健康を気にしなければ、これはおいしい。

いま日本でも韓国でもカルビといえば焼肉メニューの王となり、言葉は、日本語とも間違われるほどのものになった。それは、このカルビという部位の肉の持つおいしさのために他ならないのである。

カルビと並び人気のある部位に「ハラミ」がある。これは横隔膜で、内臓肉らしい濃いうま味が味わえる。このハラミの両側についている肉を「サガリ」というが、こちらも近年人気のある部位だ。

レバー、ハツ

栄養の貯蔵庫

ものごとの大切なポイントを指す表現に「肝腎《かんじん》なこと」（肝心ともいう）という言葉を使う。人体に大切なところが肝臓、腎臓（あるいは心臓）であることから使われる用語である。

この栄養成分の代謝と貯蔵を司《つかさど》る肝臓（レバー）を料理して食べるということは、「栄養の貯蔵庫」をそっくりいただくということである。というのも肝臓は、栄養成分である糖、脂質、タンパク質の代謝・貯蔵をし、毒物の分解などの大切な働きをするところだからである。つまり動物の内臓の中でも要《かなめ》の役割を果たすのが肝臓なのだ。

その意味でも肝臓を食べるということは、栄養摂取上きわめて合理的、効果的だといえよう。

うなぎの肝焼きなどが貴重がられるのも、こうした受けとめ方があるからだろう。ロースなどの正肉に比べるとタンパク質が豊富で脂質が少なく、ビタミンAはとび抜けて多く含まれている。

この栄養たっぷりの部位を生のままでいただくレバー刺し、焼いて食べるレバー焼きは、肉料理法としてはすばらしいものなのである。


レバーは刺しに限るが……


そしてこのレバーの価値を生かすのはやはり、新鮮なものを生でいただくに限る。

レバー刺しのメニューには、つけダレとしてゴマ油のタレが用いられる。小皿にゴマ油、塩、そしておろしニンニクか生姜を溶くのが一般的である。

新鮮でプリプリしている冷たい生レバーを、ゴマ油のタレにつけていただく。とくに冷たいビールを飲んだあとにレバー刺しを口にするときの、口中に広がる柔らかい肉質のテクスチャーは、ゴマ油の香ばしい味わいにマッチして筆舌に尽くしがたい。ビールだけではなく、清酒やほかの酒類の舌に残る刺激をやわらげてくれるような感じである。

私はこのレバー刺しが好物である。学生の頃大阪の内臓専門店でレバーとセンマイを求めて、下宿で友人たちとビールを楽しんだことが忘れられない。味つけはただの塩だけであったが、今でも新鮮なレバーを食品売り場の店頭で見かけると、ノドが鳴って仕方がないくらいである。

だが残念なことに、昨今はこのレバー刺しを焼肉店で見かけることはなくなった。あの病原性大腸菌O－157の事件があって以来である。もともと牛の内臓類は衛生的には大いに要注意である。ましてやそれを生食するとなれば、より注意せねばならぬことはいうまでもない。O－157事件までは、あまり気にしないで食べていたということもいえる。「知らぬが仏」であったともいえよう。

動物の肝はどこでも貴重な食材とされるが、朝鮮半島も例外ではない。牛はもちろん豚・狗《いぬ》・鶏のレバーは貴重な食べものとして扱われる。朝鮮時代の宮廷料理に、牛の肝の焼肉がメニューとしてちゃんと記録されている。焼肉としての材料に内臓から選ばれたのは、この肝だけである。

いただくのに柔らかく、栄養があるということが理由と思われるが、王や宮臣たちの健康増進に役立てられてもいたのである。

ところで朝鮮半島には、動物にひとつしかない肝の価値が生活と結びついた表現がいくつかある。

食べもののいただく量が少なくて満足のいかないことを言い表すのに、「未だ肝臓にまで連絡が届いてない」という。

また、「奴の肝を取って食べてやる‼」というときは、相手に決定的な打撃を与えることを意味するのである。

ハツは焼肉法に合う材料

ハツとはハート（心臓）のことである。英語由来の名称である。

このハツ焼きをメニューとして準備している焼肉店はあまり多くない。それはこれを求める人が少ないからである。

しかし焼肉の味を極めた人たちに案外好まれるのが、このハツ焼きである。

心臓であるハツには、特有の匂いがある。決していやなものではないのだが、正肉とはちがって「くせのある匂い」といえよう。多くの人はこれを気にするのだ。

肉質はそう柔らかいというほどでもないが、硬いともいえない。むしろこれくらいの硬さと肉質が焼肉には合っているといえるほどだ。

このハツ、実はむかしは、カルビと並んで焼肉材料の中でもよいところとされていたことが記録されている。

焼肉つまりプルコギのことを、十七世紀には雪夜炙《ソリヤジヨツ》と呼んでいた。炙《ジヨツ》とは肉をあぶることで、雪夜《ソリヤ》とは雪の夜のことである。雪の夜に肉を焼いて食べたとの風流な名称が、この焼肉のことを指している。

『海東竹枝』（崔永年、一九二五年）は、四百年前からの各地の歳時風俗を調査したものを後年になってまとめた書だが、それに「雪夜炙は開城府（高麗時代の都）にむかしから伝わる名物料理で、つくり方はあばら肉や心臓を油と葷菜《くんさい》で調味して焼き、半分ほど焼けたところで冷水にしばらくつけ、炭火の強火でもう一度焼けば、雪の降る冬の夜の酒の肴によい。肉がとても柔らかく美味である」と記されている。

薄い肉では焼き続けるとこげてしまうので、焼いている途中で冷水につけてはまた焼いて柔らかくしている。当時の牛は役牛であって肉牛ではないので、肉質は硬かったとみられる。その中であばら肉（カルビ）と心臓（ハツ）は、この料理法にかなったものであったことがうかがわれる。

宮廷料理の焼肉料理としては、レバーはあったがハツはなかった。しかし、上層階級・庶民の間ではハツは人気のある焼肉材料であったことが『是議全書』（十九世紀末）で確認することができる。

この書は上層階級である両班《ヤンバン》（官吏を出すことのできる、最上級の支配階級。文と武の両班からなる）家の女性が、その家に伝わる料理法を書きとどめたものである。ハツがロース肉の焼肉法と共にちゃんと記録されているのは、材料として焼肉に適していたものと受けとめられていたことが分かる。

今でこそ食用牛として育てられた牛肉は柔らかいが、むかし役牛として使ったあとの牛の肉は硬かったのだ。したがって焼肉にするには、できるだけうすく切らないと食べづらかった。今でも焼肉の本場の韓国では肉がうすくスライスされて出されるところがあるのは、その名残りである。それに比べると心臓の肉の硬さは今もむかしも変わらない。適当なかたさが、ちょうどよい歯ごたえなのである。

実は小学生であった私がはじめて焼肉に出合ったのが、このハツである。

昭和十七年の夏休みに兄に連れられて大阪の八尾にいた叔父の家に遊びに行った。叔父たちは二階の間借り世帯であった。夏の暑い時に窓を開け放ち、うちわをバタバタさせながら、七輪から立ちのぼる炭火の煙を避けつつ食べたハツの味が今でも忘れられない。食べざかりで、しかもはじめて味わう焼肉だっただけに、その特有の匂いとおいしかった記憶が懐しく脳裏にこびりついているのである。

コラム　無煙ロースターが変えた焼肉文化

本来、焼肉は直火で炙る方法でした。それが、炭火、ガス火と変わってきたわけですが、どの方法でも厄介ものだったのが、油を含んだ煙でした。いくらダクトで吸い出してもたち込める煙と匂い。お客様は、この煙と匂いが染みつくことを覚悟の上で出掛けたものでした。一方、店側にとっても悩みの種でした。煙のせいで、ビルのテナントとしても嫌われ、繁華街の中心にも出られず、女性のホール係を募集しても希望者が少なかったのでした。

そんな状況に、名古屋にある「シンポ」という厨房設備の会社が無煙ロースターの試作品を送りだしました。昭和53年頃のことです。東京・赤坂にあった「バリバリ」という焼肉店でも、無煙ロースターを開発していました。以後、無煙ロースターは全国に普及していきます。最初の頃は、煙を吸い込む力が強すぎて肉が乾燥してパサパサになってしまうこともありましたが、改良が重ねられ、いまや全国２万3000店の焼肉店のうち、ほぼ70％が無煙ロースターを使っています。

無煙ロースターが主流になるにつれて、テナントとして嫌われることもなくなり、店舗の数も伸びていきました。さらに、客層も大きく変わりました。つまり、接待用の料理として、政治家、財界人から芸能人までが、焼肉店を利用するようになったのです。まさに革命でした。店内インテリアの高級化も進み、店舗文化も発展を遂げました。そういう意味でも、無煙ロースターは多大な影響をもたらしたと言えるのではないでしょうか。

ミノ、ハチノス

「焼肉通」の味

焼肉には「ちょっとうるさい」――焼肉店でカルビやロースなどの赤身肉でない、白い素材を食べている人は、そんな通《つう》の人といえるかも知れない。

ミノやテッチャン、シマ腸（これらをホルモンと呼んでいるところもある）などの内臓は白色系であり、よく洗って手入れされたものほど白いのだが、淡泊な味わいでありながら、歯触りがよく、赤身肉よりも食べあきないところが好まれている。

このメニューの味の良否は、何といっても材料の鮮度とタレにある。

なかでも牛の四つの反芻胃のうち第一胃であるミノは、一頭の牛からとれる量はそう多くないわりに、いちばん人気がある。当然値段の方も他の三つの胃よりも高い。

焼肉用としては上ミノと並ミノに分けられるが、上ミノの方が肉が厚く、それだけさくさくとした歯ごたえが良い。鮮度が良い上ミノは生でも食べられる。通の人はそれこそ仕入れがいつかを確認して、上ミノのさしみを注文するくらいだ。

焼肉でのおいしいいただき方は、もちろんこの歯触りを生かすに限る。焼きすぎは禁物。肉の表面をかるく焼くか、少し炙った程度が持ち味を生かした食べ方になる。肉の内部にまで火を通さない方がよい。肉厚な上ミノは、火が通るのを待っていると焦げてしまうし、それでは、このメニューの味は生きてこない。

このため料理店によっては上ミノをひと口大に包丁の切り目をいくつか入れて、火の通りをよくすると共に食べやすくしているところがある。

並のミノは肉が厚くないので歯ざわりとしては少々硬い。でもおいしくいただくにはやはり焼きすぎないことが大切である。上ミノ、並ミノ共に焼いてつけるタレはうすくする方がおいしいだろう。赤身肉のような肉汁の味が出ないため、その淡泊な味をタレで消さないようにするのが、コツなのである。

ミノの値段が高いわけ

焼肉料理店の必須メニューともなっているこの「ミノ」という呼称について、私は誤解をしていた。

朝鮮語で反芻胃の一部を「カッ」と呼ぶ。これは笠のことを意味する。牛の第一胃のミノの部分を切り開くと三角形のようになり、蓑笠《みのがさ》のようにみえることから、笠を訳して「みの」になったと私は思い込んで、ミノとは朝鮮語由来だと考えて来たのである。あちこちにそれを活字にしたので、機会あるごとに、それを訂正している次第である。

朝鮮半島では反芻胃の第一胃のミノと第二胃のハチノスの部分をひっくるめて、胖《ヤン》と呼ぶ。第二胃だけでは「ポルチプ」（蜂の巣）である。蜂の巣のように見えるからである。

日本でも、この部位の業界用語はハチノスであり、これは朝鮮語由来であることは間違いない。このことから第一胃のミノも笠の訳語と勘違いしたわけだ。しかし、おそらくは第一胃を切り開くと蓑笠のように見えることで、朝鮮語とは関係なく、日本で呼び慣わされることになったとみてよいだろう。焼肉店は在日の韓国・朝鮮人が始めたものだけに、朝鮮語由来だという思い違いが生じてしまったのだった。

ところで、ミノの取れる量が少なく、必然的に値が張るようになったのには、理由がある。

じつは草を食べて反芻させるための胃の部分が、牧草で飼育された場合はよく発達して肉として利用できる量も多くなるのだが、濃厚飼料で飼育するようになって、反芻胃が十分に発達しなくなってしまったのである。

ために、牛の内臓としてのミノは需要に応じ切れず、海外から輸入することになる。輸入された冷凍内臓肉は、鮮度としては、国内産のものにはかなわない。その結果、生で食べられるくらいの上ミノは、引く手あまたとなるというわけだ。

ともあれ、ミノ焼きを味わう人は、焼肉料理の真髄に近づいていると言いたい。ぜひ上ミノの、ほどよく焼いた味わいを楽しんでいただきたい。

酒の肴かスープで食べるか

第一胃のミノの次にあるのが、第二胃のハチノスである。第三胃のセンマイと同じく黒灰色のひだが無数に出っぱっている。ただセンマイに比べるとひだは粗く大粒。そのさまが蜂の巣に似ていることから、この名がついた。これはまちがいなく朝鮮語のポルチプを訳したものである。ポルとは蜂、チプとは巣や家のことである。

この部位はなぜか焼肉には用いないし、センマイのように生食もしない。肉が硬いからかもしれない。その代わり、よくつくられるのが、これをゆで上げた熟膾《スッケ》である。きれいによく洗ったものをゆで、ひと口大に切ったものをチョコチュジャン（トウガラシ入りの酢みそ）でいただくのである。これがビール、酒の肴によく合う。ゴマ油に塩を合わせたタレで食べるのもなかなかいける。肉質は、上ミノを焼いたものよりもずっと柔らかで、酒を飲んだあと口に、脂気がなくあっさりした味はぴったり、いくらでも食べられるという感じである。

いったん熟膾にしてから焼肉に供している店もあり、韓国家庭料理風の店で食べさせてくれるところが多い。

このハチノスのもうひとつのおいしい食べ方はスープである。スープ名でコㇺタン、ソㇽロンタンと呼ばれるものに、このハチノスが使われているのが多い。

元来コㇺタン、ソㇽロンタンとされるのは牛の尾骨や内臓をニンニク、ネギなどと共にぐつぐつと煮込んだもの。材料はとくに限定されているわけではないが、時間をかけて煮込むのに適したのが選ばれるところから、硬い尾骨肉や柔らかく煮ればおいしい内臓が選ばれるのである。それを塩、胡椒だけで味つけする。

味つけにみそやしょうゆ類が用いられず、塩味中心の料理になっているのは、このメニューのオリジナルは肉食民族の蒙古料理が由来だからだという。

肉のさしみの肉膾などと同じく、蒙古族が朝鮮半島を支配した十三〜十四世紀ごろに根を下ろしたといわれている。コㇺタンという語もモンゴル語の変化したものだとの説もある（一七三頁）。みそ、しょうゆを使わない塩中心の味つけは、そのことを裏づけてくれるようだ。

なぜならこの人たちの生活文化には、みそ・しょうゆなどの調味料文化はないからである。アジアの農耕民族は穀醤のみそ、しょうゆを持ち、海に近い人たちは魚醤を調味料にする。大陸草原の遊牧民族には塩のみが貴重な調味料となってくる。

日本では牛の尾骨肉のスープをテールスープと呼んでいる。このスープにハチノスが使われると、牛の尾骨肉とのバランスで、こくのあるスープになる。これをどんぶりに盛り、匙《さじ》でゆっくりと味わえば、腹にその温かいおいしさがしだいに広がる。この、何ともうまみのある塩味は、二日酔いの回復にもってこいだ。実際、韓国では解腸《ヘジャン》クッ、つまり、人の胃や腸を解きほぐしてくれるスープと呼ばれている。

子袋、ウルテ

究極の郷土料理

この子袋とは、子を入れる袋つまり豚の子宮からきている。いわば豚の雌の内臓というわけで、焼肉の材料としてそう多く出まわるものでないことは想像していただけるだろう。これは丸くてやや細い管状で、白色に近い肌色という感じである。

料理法は焼くのとゆでるのとの二通りが一般的だが、もうひとつに生の膾《フェ》（さしみ）がある。

焼けばこりこりとした歯触りに、あっさりした淡泊な味で、食べあきることもない。味つけもしょうゆベースのあっさりしたタレが合っている。

ゆでたのは「熟膾《スッケ》」と呼ばれるが、柔らかくておいしい。ひと口大に切ると、切り口の管状の中央は空洞ではなく、褐色状のものがつまっている。血液などが固まった感じである。味つけはトウガラシ入りの酢みそであるチョコチュジャンが普通である。

焼いたのもゆでたのも共に酒の肴によく合うものである。

そもそも、子袋なるものが、材料としてはそうポピュラーでないのに商品化されたいきさつは、在日の済州道《チエジユド》出身者の生活が背景にあるとみられる。

本来、朝鮮半島全体でみれば、畜肉としては牛と豚とがあり、豚肉の方がポピュラーであるが、牛肉を上とする傾向にある。

ところが南方の島である済州道では豚が畜産の代表であり、「肉」（コギ）といえば、豚肉を指すことになる。他地方では肉といえば牛肉を意味し、豚肉のことはテージ（豚）コギと区別するのが一般である。つまり済州道は主に豚肉を利用する文化の地域であり、豚肉の料理法にも特徴のあるのがみられるところなのである。そのひとつに子袋料理があるわけだが、ここで済州道の究極の郷土料理ともいうべきメニューを紹介しよう。生の膾、セキフェである。セキとは子供、フェは膾《さしみ》である。

成長した豚を食肉加工するとき、中には妊娠中の雌に出くわすことがしばしばだったようである。当然子宮の中にいる未成熟の豚（胎児）の処置に知恵を働かせた。

『韓国民俗総合調査報告書』（韓国文化公報部文化財管理局編、一九七七年）の「済州道篇」の中の〝郷土飲食〟のところに、

「袋に包まれた豚の仔を包丁でよく叩き、粥《かゆ》のように柔らかくなれば、辛く味つけをして酢みそを合わせ、おもゆのように飲む。補身剤となる」と記録されている。この報告

書は地方にある郷土の民俗文化が消える前に調査して記録することを目的としてつくられたものだが、このセキフェ料理は、いまなお消えないで生きている。日本でも限られた焼肉店でこれを食べさせてくれるところがある。東京の上野、大阪の生野などで済州道出身者が、これまた済州道出身者を対象に商品としている。ただ昨今は妊娠中の雌豚であることは、事前にチェックされて、仔を持った豚を解体することはないようである。

私がこの料理に出合ったのは一九六二年の夏で、東京・荒川区の三河島の料理店であった。暑さでバテていた私を見かねたその友人が、疲労回復を保証するから何もいわずにこれを食べろとすすめてくれた料理が、それであった。彼は済州道の人である。

メニュー名も教えず、内容についても一切説明せず、ただ食べてみろという。

大きなどんぶりにたっぷり入ったスープは、鮮やかな血とトウガラシで真っ赤である。細かく刻まれた肉片が浮かび、脂がぎらぎらと光っている。一見して異様に映る。その迫力に躊躇《ちゅうちょ》していると、友人は酒をすすめてきた。ビールを何杯か飲んでいるうち、酔いがまわってくる。さらに彼は焼酎をもう一杯飲めという。やがてすっかり酔ってくる。その勢いにまかせて、思い切ってどんぶりのスープを匙ですくって流し込むようにいただく。目を料理からそむけて、匙で一回、二回といただいているうちに味がしっかりとわかってくる。これがなかなかおいしいのだ。辛味、酸味、それにゴマ油の香ばしい風味のうちに小さく刻まれた肉片は嚙むことなく喉もとをすぎ去る。ときどき小さな骨片がいくつかひっかかる。胎児の骨のようだ。前出の調査報告書には粥のごとくとあるが、まさに液状のこの料理をよく言い表している。食べるというよりも、飲む、流し込むというのが当たっているだろう。またたく間にすべてを食べ終えた。傍らの友人はにこにこしながら、どうだと言わんばかりであった。

この料理の効果を、まざまざと知ることになったのは、翌日のことであった。朝目が覚めると、体がすっきりしている。夏バテが一気に吹きとんだという感じなのである。それ以来、この料理を自分で求めていただくようにしている。とくにたまった疲れをすっきりさせたいとき、私にはいくつかのメニューがあるが、そのひとつがこの豚のセキフェである。大阪では知り合いに連れて行ってもらうことが多いが、東京では上野・御《お》徒町《かちまち》の「金鳳苑」というところで食べることができた。

ところが、近年はいつでも食べられるメニューではなくなってきている。材料が入手できないからである。それでもときどき食べさせてくれる店に出合うが、子袋の新鮮なものを叩き粥状にしたという感じで、豚の未成熟の胎児を使ったとは思えないのは、喉にあたる小骨がないからだろうか。

この料理をいわゆるゲテもの呼ばわりする人もいるが、生活の知恵から生まれたれっきとした韓国済州道の郷土料理であることを強調しておこう。済州道では胎児入りの子宮がいつでも買い求められる。これを食べさせてくれる焼肉店をみつけたとき、朝鮮半島の食文化の奥深さに触れた思いがするはずなのである。

隠れた逸品

もうひとつ焼肉店での隠れたメニューをつけ加えよう。関西の小店舗やときには焼鳥屋に、ウㇽテというメニューがある。これは朝鮮語そのもので、ウㇽとは鳴くの意、テは帯《テ》でつまり声帯のこと。喉にあるいわゆる軟骨部分を指している。焼鳥屋さんで軟骨といえば大体豚か鶏のものだが、牛の軟骨のことはウㇽテとして区別されていることになる。

牛の軟骨部分は大きくて硬い。これを食べられるようにするには、徹底して叩き、きざんで味つけしなければならない。歯の丈夫な人でないとなかなかいただけないが、この硬い感触がこたえられないというウㇽテファンが結構多い。

軟骨部分だけなので肉質の味わいがないだけに、タレの味が肝心である。辛く濃い味にしていただくのがコツといえよう。

豚の気管もおいしい。豚の方は軟骨に肉質がついているうえ、軟骨自体も牛より柔らかいので食べやすい。気管をタテに開いて叩きひと口大にして焼く方法が多いが、輪切りにして焼いているところもある。これも塩味で結構いけるのだ。

ウルテファンにいわせると、ウルテを食べてカルシウムを補給し、歯を丈夫にしては、その歯でまたウルテを食べることができるのだそうだ。ウルテのカルシウム成分が、食品成分表には取り上げられていないので何とも言えないが、なかなか面白い理屈である。私もウルテを愛好するひとりだが、未体験の方は一度味わってみてはいかがか。

センマイ

さしみが一番

焼肉店で酒の肴に、皿にもられたセンマイさしみ（膾《フエ》）を食べている人がいたら、かなりの食通といえるだろう。在日の方が多いと思われるが、日本人でもこの味に慣れた人には結構好まれているようだ。

センマイを焼くこともあるが、この材料の持ち味を生かすのはさしみであろう。それだけに鮮度が要求される。牛の第三胃のセンマイは黒色で無数のひだのあるのが特徴である。このひだから消化したものを吸収するのだ。それだけによくよく洗わないと臭みが残りやすい。鮮度がよいものはサクサクとして歯切れがよく、多くあるひだの感触が何ともいえず心地よい。見かけの黒色に似合わず、あっさりした味わいは、ついつい食べすぎてしまうほどだ。

この味の演出はタレにある。一般にはチョコチュジャンつまりトウガラシ酢みそである。酸味と辛味、そして少しの甘味でこの淡泊なセンマイの味はぐっと引き立ってくる。

いまひとつ通が好むのは、ゴマ油と塩を合わせたものだ。

流通の都合で鮮度の高いセンマイを出してくれる焼肉店は多くみられない。とくにチェーン店ではどうしても時間の経ったものになりがちだが、鮮度が落ちて少々硬くなったのなら焼くのが良い。おいしくいただくコツは軽く焼くことで、焼きすぎてセンマイが縮こまることのないようにすれば、独特の食感が楽しめるはずだ。

　煮る料理法もあるが、焼肉店では先ずやっていないようである。チゲ鍋料理（一九三頁）の材料のひとつにこれが使われるし、スープに用いられることもあるが、何といってもさしみには及ばないのである。

ところで、この語の由来について筆者は長い間、間違っていた。

幼いときから食べていた料理で、一般の日本の料理のたぐいには、まず見かけることがなかったので、この食べ方を知っていた在日の朝鮮・韓国人の呼び方から派生したものと思い込んでいたのである。

　朝鮮語では千葉《チョニョプ》（百葉《ペギョプ》とも表したのは後述）が普通で、千と葉（枚と同じ）の意味が共通しているから、てっきり、朝鮮語由来のものだと信じていたのだ。しかし、実は、日本の文献に牛の内臓を食用にしたことが出てくる。

『被差別部落　北条の歴史』（大東市北条部落史研究会、昭和五十年発行）によれば一八五一（嘉永四）年の牛馬割方記録帳に、「千まい半分、をび一すじ八与兵衛」とか、「あと足一本、みの皮一つ、五拾文売渡し、買主常右衛門」などの記録がみられるのである。

この記録は死牛馬の処理、草場（埋蔵処）、草場株主を知る資料とされている。

この貴重ともいえる文書の存在で、焼肉店でみられるセンマイ、ミノの語源が理解できるようになった。この語は朝鮮語由来のものではなく、日本にもとからあった呼称なのである。

江戸幕府の「格別な接待」

センマイは李朝時代の文献では脾《ビ》という表記もみられるし、百葉《ペギヨプ》ともされていた。百葉も千葉と同じ発想でひだの多いところからきたものとみられる。

興味深いのは、日本の江戸時代に朝鮮通信使を迎えるための好物献立に、百葉のことが記載されていることだ。

朝鮮通信使とは、豊臣秀吉の朝鮮侵略のあと、徳川幕府が朝鮮との友好親善をはかるために交換した信使であった。朝鮮から徳川幕府の慶事を祝う一行を朝鮮通信使、日本から朝鮮へ向かう一行を日本通信使として、江戸時代に十二度にわたって通信使が日本に来ている。

この通信使を迎えるに当たっては、幕府は格別なる接待をしている。なかでも食べものについては、事前に朝鮮に人を派遣して好物料理を調査し、その料理法を詳しく記した文書を、通信使を接待する大名へ予《あらかじ》め通達する念の入れようであった。

一七一一(正徳元)年に来る朝鮮通信使を迎えるに当たっての『信使通筋覚書朝鮮人好物附之写』がある。牛肉を大牢、黄牛肉と表し、正肉と内臓の料理法を詳しく記し、百葉として独立項目に扱うほど重要視しているのである。その「百葉」のところを引用してみよう。

右二食共に牛の臓腑なり、彼国の人賞味の物也、胃に黒き簾毛《れんもう》のやうなる物有、是を剝ぎ去て白きを取てせんに切、百葉も亦然《またしか》り、皿盛合辛子酢ちよく入て付べし、或ハ右ニ味せんに切りたるを粕和《かすあ》へして、酢少加味し、せうが、にんにくせんまぜ合、すゝむ

これは現在のセンマイのさしみと全く同じ食べ方である。味つけのタレも基本的には今と変わらない。「辛子」とあるのはトウガラシのことではなく、辛子《からし》のこととみてよいだろう。酢と合わせ、生姜、ニンニクをきざんで用いるとか、酒粕に和えるなどは、

当時の朝鮮側の料理法をよく調べていることが分かっておもしろい。このことは、この素材や料理法が日本ではポピュラーでなかったことも意味するだろう。

この料理が日本でも知られていくのは、やはり在日の朝鮮・韓国人の経営した焼肉店からで、戦後になって「表舞台」に出たものといえよう。

朝鮮半島では各種の文献にちゃんとした料理材料として盛んに登場する。『山林経済』（一七一五年）の肉料理のところに、牛肚（肚とは胃のこと）が牛心、牛肝、牛腎などと共にすでに一般化していることがわかる。それらは多くが膾《フエ》（さしみ）料理で、牛だけではなく、「羊百葉」が記されていることから、他の獣肉も料理されていたことが分かる。羊の胃をさしみで食べるなどというのは、まさにモンゴル由来のメニューといってよいだろう。

アカセンマイ、テッチャン

煮込み用に人気

アカセンマイの歯ざわりと味は内臓肉の中でも抜群のものだ。強火で焼くとやや赤茶がかった厚い肉質とそれに付いている脂が、ミックスされて絶妙の味となる。焼肉はアカセンマイにきわまれり、という人がいるくらいである。

牛の反芻胃の最後つまり四番目のこの肉は、センマイと異なり、ひだもなく、色も赤茶がかっているので、アカセンマイと呼ばれたようだ。関東でギャラと呼ばれるが、その呼称の由来は定かでない。

一説には日本の敗戦直後に占領軍の米軍キャンプで働いていた人たちに、正式の給料とは別にボーナスのような意味で「労働報酬」にと内臓を支給していたということから、いわゆる「ギャラ」と呼び慣わされたという話がある。

それはともかく、この反芻第四胃は関東ではギャラ、関西ではアカセンマイと呼ばれて統一されていないことだけは事実である。

また関西ではこの部位を区別してちゃんとアカセンマイとして売られているのに対し、それ以外の地域では、概して区別がなされず、腸のテッチャン、シマ腸などと共に、まとめてホルモンとして売られているところが多かった。利用法も焼肉用というよりも、煮込み用に重宝がられているという。確かに肉が厚いので煮込みにしてもおいしいものになる。

このことから、内臓利用の焼肉料理文化という点では、関西の方が一歩「進んでいる」とみてよいだろう。大阪などでは、肉売場のカウンターに、ちゃんと「アカセンマイ」として部位を区別して売られている。

東京ではギャラと呼ばれるとしても、そうポピュラーに知られた名称にはなっていない。もちろん肉売場に出されてもいないのが現状である。ただ最近関西系の焼肉店が東京に進出して、料理内容に特徴と差別化を出すために、アカセンマイをメニューとしているところも出てきている。若い女性たちに人気があるとのことである。

この肉は一頭の牛から得られる量が少なく、肉には脂がしっかりついている。この脂を少しだけ残すようにして焼くのがおいしくするコツといえよう。

焼肉は赤身の正肉だけではない。このアカセンマイ、味に慣れる人が多くなれば、やがて上ミノ（四九頁）と同じく高級材料になってしまうかもしれない。

テッチャンで見分ける焼肉店の実力

牛の腸のことで、長いので大腸《テッチャン》と呼ばれる。これは朝鮮語そのものである。

この長くて量の多い腸は全部が同じ肉質ではない。表面にしわが多数あって肉が厚く柔らかなシマ腸、直腸、盲腸に分けられる。多数のしわが縞《しま》模様になっていることがシマ腸と呼ばれる所以《ゆえん》のようだが、焼肉としてはこの部位がいちばんおいしい。歯切れのよさといい、脂のノリといい、通好みのメニューである。大腸全体の中でこの部位の占める量は少ないので希少価値が高い。価格も直腸や盲腸よりもずっと高い。

ときにはテッチャン全体をホルモンと呼んで、シマ腸、直腸、盲腸を区別しないで扱っているところもある。そのようなところは鮮度に難があるとみてよいだろう。というのも鮮度が落ちて肉質が硬く、歯切れも悪くなったテッチャンをホルモンとして一括扱いにする場合が多いからである。シマ腸の柔らかなおいしさの特徴が出ないことを隠すためであろう。

またこのテッチャンのおいしさを際出たせているのは腸についている脂である。そのために材料の仕込みのときに、この脂をどの程度残すかというのが、決め手になってくる。仕込みでは水洗いをしっかりして、よごれとぬめりを落とすのだが、そのときに脂がこすり取られすぎないようにすることで、テッチャンのおいしい味が演出されることになる。

さらに食べやすくするために肉には包丁の切れ目が入れてあることが多い。これはタレをなじみやすくするために、包丁で叩いたものだ。焼肉店でテッチャンなり、ホルモンを頼んで、出されたものに切れ目があれば、材料がしっかり仕込まれたとみてよいだろう。

おいしくいただくコツはいうまでもなく焼きすぎないことである。

焼肉店によっては直火焼きせずに鉄鍋で焼いて出すところがみられる。テッチャンのように柔らかい肉質のものには、この方が良いだろう。ひと頃ブームを起こした「モツ鍋」はまさにこの特徴を生かしたものだった。

「モツ」とは日本語で内臓を総じて臓物と呼んでいたのを略して「物」と呼んだところからきている。朝鮮語も牛の内臓を胖《ヤン》と呼んでいる（五一頁）が、もう一つ「トンチャン」という表現がある。トンとは糞のこと、チャンは腸で、排泄物のある内臓との意味である。庶民的なレベルでは内臓を総称してトンチャンと呼びならわしている。

在日の朝鮮・韓国人が家庭で焼肉をするときに、内臓を指してトンチャンと呼んで、ミノとかセンマイとかと区別することはなかった。何でもトンチャンだった。やがて外食産業化していく過程で部位別メニューが成立していくのである。

このトンチャンという朝鮮語がそのまま定着して、ホルモン類をトンチャンとメニュー表記しているところもある。その店はかなり古くからの店とみてよいだろう。

ホルモンという言葉

ここでホルモンという語について取り上げよう。

ホルモンとはドイツ語で化学物質名である。特に性徴などに関係するし、いわゆる精力というのにも関わっている。

畜肉の内臓類がホルモンと呼ばれていることについて、その由来は捨てる物、すなわち「放るもの」からきたとする、まことしやかな説がまかり通っている。これは明らかな間違いである。たしかに日本の食肉文化では内臓利用はごく限られたものだったし、戦後の食糧難のときですら、一般の人はこの食べ方を知らなかった。解体処理場では一部は捨てられる対象にもなっていたが、これを利用する人もちゃんといた。大阪・難波の洋食屋「北極星」の経営者、北橋茂樹氏が一九四一年に「ホルモン煮」という商標登録を取っているのである。その後、内臓を食べて「元気が出る」「精力がつく」ということで、男性ホルモン、女性ホルモンなどの語が自由に使われる戦後の風潮の中で、ホルモン料理という語が広まっていくのである。

しかし、この「放るもん」説が一人歩きしている。この語がどこから広がりはじめたのかも、いまは突き止めてある。マスコミに載せたのは在日の同胞文化人が、新聞社の対談で活字にしたのが始まりである。ご本人も責任を感じていることであろう。少なくとも人の生活に大切な食べものに、マイナスの発想から命名をすることは、どの社会にもあり得ないのである。

ついでに、北海道地域のホルモンについてふれておきたい。この地域でホルモン焼きとされるのは豚の腸である。もともと豚肉をよく利用していたところから、豚の内臓が流通されやすかったからとされ、結構人気のメニューとなっているし、食べてみてもなかなかいける。数年前に苫小牧の「食道園」というところで、このメニューをいただいたことがある。

牛に比べれば肉質がうすいので、焼いて嚙むとなかなか嚙み切りにくい。その分ゆっくりとよく嚙むことになり、うま味がにじみ出てくるのが実感できた。牛の腸つまりホルモン類を食べさせる店はあるが、その場合、わざわざ牛のホルモンとことわっているくらい、ホルモンといえば北海道では豚の腸が当たり前になっている。

コリコリ

大阪などの庶民的な焼肉店でときどきみかけるメニューである。材料は豚の心臓にある血管で、管をタテに切り開いて平たくし、包丁で切り目を叩き入れ、ひと口大にして焼くわけである。血管なので筋肉として発達し弾力がありながら硬い。牛のすじ（腱）のような味わいである。筋肉が比較的うすいので、牛のウルテ（五九頁）とはちがった硬い歯ざわりを楽しめる。

赤身も脂もないので味は淡泊である。その意味では味つけが大切で、概してみそ味の辛いものを肉にもみ込んで、しばらく寝かせ、肉に馴染ませたものを焼くようにしているのが多い。

もともと正式料理名はなかったので、名称はこの肉の歯触りから取られたようだ。この料理は韓国済州島（道）の地域料理法である。

済州島では肉といえば豚肉のことを指す。これは半島の内陸地域との違いである。豚が獣肉の主流だったのである。したがって豚料理は多様にあり、そのひとつがこのメニューである。特に名のつけられた料理法ではなく、家庭で豚の心臓を丁寧に利用することで生まれたものである。

これは、済州島出身者の多い大阪の焼肉店で変わったメニューとして出されたのが始まりで、昭和五十年以降のことである。ひとつの店が取り上げたのが数店の同業者に広まったもので、まだ広がりは小さい。焼肉産業の競争の中で商品になったメニューといえるが、最近は東京でも見かけるようになった。

豚足

歯ごたえを楽しむ

食べなれて味を覚えるとやめられないのが、この豚足である。豚の足のイメージと、食べ方の煩《わずら》わしさ、その上、慣れない歯触りで、なかなか食べたがらない人が多い。また食べてみてもおいしいと受けとめない人が多いのが現実である。しかし、このあまり好ましいと思われないところこそが、この豚足のまさに持ち味なのである。

人は生きものを食べものとしている。食物イコール生物なのだ。およそ動物体の部位で食べてはいけない部位、食べられないところはほとんどないはずであるが、一般に食べものは人の嗜好に左右されることが多く、それもイメージから来る観念的なことが多い。

豚足は日本にむかしからあった食べものではなかった。焼肉店でメニューとして出されるようになってから少しずつ知られるようになったものだ。

昭和三十年代の初期まで関東では豚の処理場でも足の部分は利用されないため、ただ同然か二束三文の値段だった。たまに利用する人が引き取るのは、ラーメン屋のだし取り用だったとされる。

私が昭和三十七年に東京の大学に赴任したとき、この豚足料理でコンパを開いた。学生食堂の出入り業者に頼んでやっと入手したが、当時の金で一本十円もしなかったのを覚えている。ただし生で毛と爪がそのままあったので、自分でよくゆでてかみそりで毛を剃《そ》って料理しなければならなかった。その頃大阪ではすでに豚足は焼肉店のメニューになっていたので、利用法としては東と西とで大いなる差があったことになろう。

ところが、そのうちにあっという間に値が上がり、今やなかなか手に入らない。焼肉店に豚足が商品として取り上げられ、ラーメン店などのだしを取るところが増えた結果らしい。

注文すれば業者は持ってきてくれるが、もう値段も安くなかった。しかし毛を剃り、爪を取る手間はいらなかった。バーナーで毛を燃やしてきれいに手入れした表面のすべすべした商品豚足だったのである。

これで豚足の味ががらりと変わった。以前は剃り残した毛が、食べたときに口中でひっかかりを感じさせたものだった。通にはまたそれがこたえられない味だともいわれたのだが、何といってもなめらかで、歯ごたえのある皮の味が、この料理の醍醐味だろう。皮とその下の筋肉、とくに棒状の腱は硬いタンパク質のコラーゲンと呼ばれるものである。ただ硬いだけではない。立派な栄養源としてのタンパク質なのである。

「足」の料理

豚足の料理文化圏は広い。およそ豚を家畜としているところにはすべからく分布している。豚肉の利用が遅れた日本の本州だけが知らなかったのだ。

沖縄では古くから豚のあらゆる部位を巧みに利用する生活文化があった。耳を利用するミミンガーというメニューはよく知られている。中国大陸では豚肉をタブーとするイスラム教徒以外はすべて豚足を料理する。東南アジアも豚がいるところにはすべてにみられる。ヨーロッパでもドイツの豚足料理は有名だし、イタリア、ハンガリーなどでも外食産業のメニューになっている。

朝鮮半島では文献でみると、『増補山林経済』（一七六六年）という書に各種の畜肉料理法が記されている。

そこに「猪皮水晶」というメニューがある。豚の皮の部分をゆでてスライスして酢みそで食べる料理である。作り方といただき方の基本は、今の豚足料理と同じタイプとみてよい。いまの豚足のいただき方はタレがチョコチュジャン、つまりトウガラシ酢みそであるが、この頃はまだトウガラシが一般化していなくて、酢みそだけになっている。

また豚の皮の代わりに足を用いても良いとも記されている。足の部分も皮の部分もゆで上げると、ほぼ同じ状態になるので、豚足が同じ料理法で食べられたことは容易に推察がつくのである。

何よりも肉料理の中で動物の足がきわめて大切な位置を占めていることが各種の文献で確認できるのだ。例えば、牛の足、この料理を「足餅《チョッピョン》」と呼ぶ。牛の足を煮つめて出てくるコラーゲン質を固める、いわゆる「煮こごり」で高級料理である。李朝の宮廷料理メニューに盛んに出てくるが、家庭料理でも貴重品扱いになっている。十七世紀後半の『飲食知味方《ウムシクチミバン》』には、料理法と食べ方が詳しく記載されている。

他にも、先の『増補山林経済』では、羊の足も同じような方法で料理している。珍しいので付け加えれば羊は耳も料理している。これは沖縄のミミンガーと考え方が同じなのかも知れない。

狗《いぬ》の足の料理もある。狗肉料理は各種文献に広く取り上げられている、きわめてポピュラーな料理である。その中のひとつに、狗足、狗尾、狗鼻唇の料理が出てくる。煮るか炒めるという料理法になっている。煮るのは豚足の料理法と同じということになる。

動物の足料理でなんといっても究極のメニューは熊の足つまり「熊掌《ゆうしょう》」料理であろう。

これが十八世紀の文献にあちこち出てくる。鶏の足も文献にみられるし、どうやら馬、驢馬《ろば》も使われていたらしいことも推察される。獣鳥類の足の部分が貴重な料理材料になっていたことが、これらのことで分かる。

ずばり豚の足料理名は出てこないが、豚の皮の料理法、各種動物の足が料理となっていることから、手近な豚の足はあまりにも当然のことなので記載されていないとみてよいだろう。かなり古くからある料理と考えてよい。宮廷料理では、足ではなく脚の部分が同じ料理法にみられる。足の手前まで利用していたわけだ。地につく足は王の食べものにはならなかったようだ。

このような生活文化を背景に、何よりもこの地で生活している人たちは、この「足料理の文化」を身につけていたのである。この人たちの目からすれば、豚の足は立派な食材であったわけで、これを焼肉店でメニューにしない手はなかった。かくして豚足は「焼肉の通」といわれる層の注目メニューとなってきている。

文献でみる豚肉料理の典型は「熟肉《スユッ》」と呼ばれるもので、いまも韓国ではもっともポピュラーである。日本の焼肉店でも少しずつみられるようになってきているが、分かりやすく言えば「ゆで豚肉」である。ゆでたものをスライスして、塩味かチョコチュジャンでいただく。この料理をキムチと合わせて炒めたものが、いわゆる「豚キムチ」と呼ばれるものだ。蒸し豚肉料理法の熟肉のおいしさから生まれた「新メニュー」といえるだろう。

熟肉のいまひとつの名品は骨付きカルビである。豚肉もあばら骨についている肉が最高級とされる。

一般に豚料理は蒸したり、ゆで上げて食べることが多い。そのときこのあばら骨についた熟肉が、上等な料理として珍重されるのである。もちろん骨つきなので、これも両手を使いながら「しゃぶる」「ひきちぎる」ような食べ方にならざるを得ない。しかし、このメニューはそれが当然なので別に違和感はない。家庭料理店などで予め頼めば用意してくれるところが多い。

豚の耳の熟肉もおいしい。日本の沖縄のミミンガー料理だが、朝鮮半島にもある。皮と軟骨のこりこりした味わいが何ともいえない。やはり塩胡椒かトウガラシ酢みそで味つけする。

焼肉店では滅多にお目にかかれないが、焼肉材料店には置かれていることが多い。

題になったものです。

当時、焼肉のタレのCMなど、広告代理店からもタレントさんからも見向きもされない時代でした。米倉さんもはじめはCMには出ないと言ったのですが、それを社長が徹夜で口説いて、引き受けてもらったのです。いざ、制作にかかると、米倉さんはみずからCMストーリーをつくり、北海道の雪のゴルフ場でお腹を壊しながらも素晴らしい演技をしてくださいました。

彼を起用したことは大正解でした。というのも、米倉ファンというのは、育ち盛りの子どもを抱える40代のお母さん方だったのです。焼肉が食べたい子どもと母親にアピールした「ジャン」は、一気に大ヒット商品になりました。

全国的に売れはじめると、面白いことが分かってきました。東西ではっきり味の嗜好の違いが現れたのです。関西では圧倒的にしょうゆ味系の「牛用のタレ」が売れるのに対し、東北ではみそ味系の「豚用のタレ」が売れるといった具合です。そして、首都圏は見事にその混合型でした。タレという商品からも、東西の嗜好が垣間見えるというのは興味深いことです。

さて、読者のみなさんは、どちらがお好みでしょうか。

コラム　焼肉のタレ「ジャン」開発エピソード

私は「ジャン」の商品開発に最初から最後までかかわっていました。昭和49年から開発構想はあったのですが、具体化しはじめたのは昭和53年のことでした。そのきっかけは、焼肉店で、タレの持ち帰りを希望するお客様がいらっしゃったことでした。家庭であの味を出すことが難しかったのですね。それを知った私は、「これは絶対に商売になる」と確信したのです。

ただ、すでに登場していた他メーカーのタレと差別化を図らなくてはなりませんでした。そこで、当時のモランボン社長が打ち出した方針はこうでした。

「あくまで本物の味を出せ。加熱処理しない生の製品をつくれ」。先行メーカーの商品は加熱処理された瓶詰商品でしたから、たとえ賞味期限が短くても「生パック」を商品化し、本物志向をアピールすることが重要だったのです。

石油ショックの余波を受けながらもようやく、昭和54年に商品化にこぎつけました。

焼肉店のタレよりも甘口にし、名前も、醬油の醬からとって単純に「ジャン」としました。「ン」が末尾につく商品はヒットするというジンクスもあったのです。

発売前には、テレビCMも放映しました。ご記憶の読者もいらっしゃるかもしれません。俳優の米倉斉加年さんが、「生きつづける味、朝鮮の味、モランボン」というCMです。

最初のCMには商品名を全く入れないという仕掛けをして、話題性を狙ったのがズバリと当たり、発売前から話

焼肉とタレ

「タレ産業」のはじまり

焼肉をつまんで口にほおばる。「おいしい」という感じを決めてくれるのは、肉のテクスチャーであり、肉からにじみ出て口いっぱいに広がる肉汁である。この肉汁の味は「タレ」によって決まるといっても、言い過ぎではない。

そう、焼肉の味を大きく左右するのが、このタレなのである。焼肉用のタレが市販されているのも、このタレの味が家庭ではうまく出せないところに由来する。

肉材料は手に入れられるが、それをおいしくいただけるタレのつくり方が「分からない」。そういう人たちが多くいることから、「タレ産業」は始まったのである。

私がモランボン株式会社の焼肉のタレ「ジャン」の商品企画に関わったのは、一九七八年のことだった。

商品化のきっかけは、店で焼肉を食べられたお客様に、すでにお持ち帰り用として売っていたタレが、好評だったことにあった。

すでにいくつかの先発メーカーが商品化していたが、焼肉料理の広がりを考えるとき、十分に需要があるとみたのである。焼肉料理の日本での発祥と発展は、在日の朝鮮・韓国人の家庭からであり、その人たちが経営者となる外食産業が出来、それが日本人の一般家庭へと広がった事情が、今日のタレ産業を生んだということになろう。

タレの味を出すのは、それほど難しいものなのだろうか。

ここで朝鮮半島の調味料について考えてみたい。日本と同じく、みそとしょうゆがある。全く同じではないが、つくり方も味も基本では同じだろう。

調味・香辛料を総称して「薬念《ヤンニョム》」と呼んでいる。この語は薬塩という語から来たもので、塩が貴重だった頃に使われていた呼称であった。調味、香辛料類の種類が多くなり、その組み合わせも多様になったため、薬塩では実態に合わなくなった。それで同じ発音の薬念になったとされる。

焼肉料理をおいしくいただくための薬念は、肉の匂いとテクスチャーをうまく合わせるために工夫された。ニンニクやトウガラシは当然のごとく使われたし、ゴマ、ゴマ油を薬念に使うのは朝鮮半島では常識である。

これが、主にしょうゆだけを用いる日本の味つけ法と少し異なる点だった。このちょっとした違いで焼肉料理の味をうまく出せないことが、タレの商品化へとつながることになったのである。

もみダレとつけダレ

いま日本の焼肉店ではもみダレとつけダレが区別されている。もみダレは焼く前に肉にタレをもみこんで味つけしておくもので、焼けばそのままいただけるのに対し、つけダレは、焼けた熱い肉をタレで味つけしていただくものである。しかし、実際にはもみダレで味つけしたものを焼き、さらに取り皿にあるつけダレにつけていただくという方法がよく見られる。

どう食べようがおいしければよいのだが、これにはいきさつがある。本来、朝鮮半島で食べられていた焼肉法はノビアニといわれ、味つけ肉を台所で焼いてから、皿に盛りつけて、食卓に出したものだった。この料理法を身につけていたのは、在日の朝鮮・韓国人だったわけだが、日本での食べ方では、七輪・コンロを囲んで、自分で直接焼いて食べざるをえなかった。

韓国でも朝鮮戦争の混乱時から、屋外でノビアニ料理をすることで、自分で焼く方法がとられることが多くなったといわれる。

こうして、自分で焼いて食べる方法に変わったが、味つけはそのままであった。そこで、熱い肉を少し冷ますということと、焼くときに逃げたもみダレの味を補うような意味で、小皿のつけダレが置かれるようになったのである。日本のすき焼きは生卵につけるが、これも熱を冷ます効果がある。焼肉のつけダレは、「すき焼き文化」と同じ発想とみてよいだろう。

ちなみにいま韓国では焼肉のことをノビアニと呼ばず、プルコギ（火の肉）と呼んでいるが、これは自分が直接焼く方法に変わってからのことである。プルコギという言葉は一九四五年以前の辞典類にはみられない。もみダレはノビアニ料理、つけダレはプルコギ料理の味つけ法なのである。

みそ・しょうゆの味は「家運」を占う

朝鮮半島ではみそのことをテン醬《ジャン》、しょうゆのことをカン醬と呼ぶ。テンとは硬いの意、カンとは塩味の意である。この呼び方は作り方を知れば理解できる。

材料は大豆が基本である。まず、煮た大豆をつぶして固める。これを「メジュ」と呼ぶ。角形が多いが、これを軒下に吊すとカビがついて味噌玉麹《こうじ》になる。秋につくり正月を越してから、これを塩水をはった瓶《かめ》に入れて仕込む。そして、瓶に蓋をして日当たりのよいところにおいておくのだが、この場所を醬《チャン》ドッ台《テ》と呼ぶ。日中温められたメジュの味噌玉麹は発酵をはじめる。瓶の中は発泡作用がみられるようになるが、このとき、蓋を少しずらして開け、夜になると蓋をもどすという作業を繰り返していく。醬ドッ台にある瓶の数は、その家庭の生活水準のバロメーターであり、多いほど裕福だということになる。

またこの調味料の出来具合と味の良否は家運を占うものとも考えられた。取り扱いにも大いに神経がつかわれ、もし瓶にひびでも入ろうものなら「お祓い」をするくらいだったという。

瓶の中の泡立ちが認められなくなると、みそ、しょうゆの分離が始まる。黒くなった塩水部分と固体のまま残った味噌玉麹とに分ける。液体部分は火に通して塩味を調節するとしょうゆになる。すなわちカン醬である。残った固体の部分はもう一度ほぐして固め、塩加減して別の容器に漬け込む。これがテン醬である。

みそとしょうゆはこのように大豆の味噌玉麹から、液体と固体とに分離して生まれるのである。これがもっともポピュラーなみそ、しょうゆ造り法である。メジュは市販されてもいる。手づくり調味料にこだわる人は、いまもこの方法でつくっているが、工業生産のみそ、しょうゆに依存する人も多くなっている。

家庭の味――清国醤とコチュジャン

この方法とは違う造り方のみそがある。

その代表が清国醤《チヨングッチャン》と呼ばれるものだが、日本の納豆をみそにしたものと考えてもよい。大豆を煮て稲わらに包んで発酵させてつぶして固めたものである。稲わらから発生する納豆菌によって、あの納豆特有の匂いを持っているのが、この清国醤である。

清国醤を使ったみそスープのテンジャンクッやチゲ鍋料理は、年輩者に好まれ、まさに伝統の味そのものといえる。一度味わうと、その癖のある味のとりこになることが多いという。農家などで簡単につくられるし、市場で買い求めることも出来る。匂いをおさえた凍結乾燥品も商品化されている。

コチュジャンは朝鮮半島の家庭には、みそ・しょうゆなどと共に常備されていて、煮物、和えもの、焼き物、汁物、炒め物、タレ類づくりなど、各種料理に用いられる重宝なものである。朝鮮半島の万能調味料といえるだろう。これが料理にわずかずつ使われることが、結果としては食べものが辛くなった背景と考えて間違いないだろう。

コチュジャンの味の特徴は辛味と甘味であるが、隠し味として無視できないのが塩味、うま味、酸味、時には苦み、そしてあの特有の芳香である。これをそれぞれの料理目的に合わせて量を加減して味つけをする。

辛味を出すのは粉トウガラシだが、甘味を出すのはご飯である。それも糯米《もちごめ》が通り相場になっている。これにしょうゆと分離したテン醬のみそを混ぜて、壺に漬け込んで発酵させる。やはり器は日当たりのよいところに置かれることが多い。

ご飯ではなく、サツマイモのふかしたものや水飴を用いることもあるし、甘味に蜂蜜を加える人もいる。いったん出来上がったコチュジャンに肉の干物を小さくして漬け込み、肉のうま味を引き出すデラックスなコチュジャンもある。

手づくりで材料と組み合わせは任意に調節できることから、家庭ごとにコチュジャンの味が違うといわれるくらいである。

焼肉店でテーブルにコチュジャンが置かれていることが多い。筆者はこのコチュジャンをみることで、本格的に料理に取り組んでいる店かどうかを判断する材料としている。甘味と辛味を出すために、安易に水飴と粉トウガラシを混ぜたようなものや、粉トウガラシとみそ、そしてしょうゆを混ぜただけで、発酵させた様子がうかがえないものは、焼肉店におけるコチュジャンの位置づけを知らないところだと思っている。

コチュジャンの味はキムチとともに焼肉店評価のバロメーターだといってよいだろう。

トウガラシ

日本から朝鮮へ

料理にトウガラシがよく使われる点が朝鮮・韓国料理の特徴といえるだろう。ところがこの辛い味がいつ頃からなのかというと、そう古い話とはいえないのである。しかも、あまり知られていないが、この辛い味を持つトウガラシは、日本から朝鮮へと伝わってきたものなのである。

トウガラシという植物は熱帯アメリカ地域原産の植物で、広く知られるようになるのはあのコロンブスが新大陸を「発見」したとき、ヨーロッパに持ち帰ってからである。一四九二年のことだ。

これがヨーロッパでまず広がり、ポルトガル、スペインなどからキリスト教を布教する人たちの手によって、日本には一五四二（天文十一）年に大分県に伝わった記録がある（佐藤信淵『草木六部耕種法』）。

朝鮮でみられるトウガラシの最初の記録は一六一四年の『芝峰類説』（李睟光）である。それによると、「南蛮椒には大毒がある。倭国からはじめて来たので俗に倭芥子《ウエギョジャ》（にほんからし）というのが、近頃これを植えているのを見かける。酒家（酒を造って飲ませる店）では、その辛いものを焼酒《ソジュ》（焼酎）に入れ、これを飲んで多くのものが死んだ」と記されている。

この記述から二つのことがはっきりする。トウガラシが朝鮮半島にもたらされたのは日本からであること、辛味成分を毒としてとらえていたことである。焼酒に「毒」のトウガラシを利用したのは、酔いのまわりを早くしたい酒家の知恵であったろう。

このように、日本の九州に一五四二年、朝鮮の地に一六一四年の記録があるので、どうやらこの間に日本から朝鮮へと伝わったとみるのが妥当であろう。

とすれば、一五九二（文禄元）年の豊臣秀吉の朝鮮侵略が有力な手がかりになる。だがそれ以前に、倭寇という九州周辺に基地を持っていた勢力が頻繁に朝鮮に出入りしていることから、これが伝えた可能性も高い。

一方、その後の日本の一七〇〇年代の記録には、秀吉の朝鮮侵略の時に、朝鮮から持ち帰ったので「高麗胡椒」と呼ぶと書かれている。これは九州ではなく本州から朝鮮に行った人たちの記録とみてよい。つまり当時の日本では九州にあるものが、本州には知られていなかったということになるだろう。

トウガラシの普及

初めの頃は「毒」だととらえ考えられていたトウガラシが、どのように普及をし、今日のトウガラシ消費王国となっていったのだろうか。

トウガラシ使用以前にも辛い香辛料はあった。山椒、芥子、ニンニク、生姜、蓼《たで》、胡椒などである。しかし、トウガラシは、一六〇〇年代末の料理づくりの書を見ても出てこない。キムチ作りは出ていても、トウガラシは使われていないのである。

トウガラシが生活に必要な作物として登場するのは、一七一五年の『山林経済』からである。その五十年後の一七六六年に、この書を補った『増補山林経済』に初めてトウガラシを使った漬け物、現在のキムチタイプのものが出てくる。このように、トウガラシが広く一般の人の食生活の材料となるのに、相当な歳月を要していることが分かる。

トウガラシが伝わる以前には胡椒が輸入されていた。インド原産が琉球（沖縄）、九州から朝鮮へのルートであった。これは貴重なものとされ、主に医薬として、一部が食用に使われていた。この胡椒の輸入の見返りが大きな負担であったので、国産したいと思っていたが、朝鮮の地では無理であった。一方、胡椒と同じく辛味がありながら、トウガラシは国産可能であった。また未熟な果実は辛味もなく、野菜としても利用できた。

さらに、もっとも大きな背景としては、この頃、肉料理法が多様化し、その味つけに香辛料の出番が多くなってきていたことである。その中で、庶民の中ではトウガラシの利用に知恵が積み重なっていく。

トウガラシ入りの庶民の家庭調味料であるコチュジャンが最初に登場する文献も、山椒みその名産地、黄海南道《ファンヘドナムド》出身の女性によって書かれている。つまり、山椒の代わりに同じ辛いトウガラシが取って代わったものとみられるわけである。

この調味料の作り方が書となって、家庭でそれが知られるとなると、ますますトウガラシが普及していくのは自然であろう。しかもこの辛い味、いったん慣れると癖になって、なかなかやめられない特徴を持っている。かくして朝鮮半島の料理は辛くなってきたのだが、決してそう古いものではないことが分かっていただけるだろう。

トウガラシの価値

トウガラシがキムチやみそに使われたのは、食品の保存効果もあわせ持っているからである。もちろん、トウガラシに限らず香辛料が食品として使われるのは、食欲増進や味の調和にあることは知られている。

しかし、人類が香辛料を使用した動機は、むしろ食べものを長く保存しようとしたところにあったとみてよい。いま世界で香辛料として使われている三百数十種のほとんどが、大なり小なり殺菌効果を持っていることがそれを裏付けてくれるだろう。

トウガラシの辛味成分であるカプサイシンとその仲間の物質は、カビや一部の細菌に対して強い抗菌性を示すし、食品の酸化を防ぐ抗酸化性を持つことが知られている。トウガラシがキムチ、コチュジャン、辛子明太子や塩辛類に用いられているのは、腐敗を防ぎ、食品の貯蔵、保存を長くさせる化学的作用が期待できるからである。

また、辛味成分には食欲増進効果があり、消化も助けてくれる作用がある。

カプサイシン単独の生理作用としては、抗ストレス作用があげられる。

辛いトウガラシは食べると強い刺激となり、身体の血のめぐりがよくなり、体温が上昇し、発汗する。結果としては身体がすっきりしたような充実感がみなぎり、これがストレス解消に役立つといわれている。それはエネルギー代謝の亢進《こうしん》となり、脂質が分解されることとなり、脂質の蓄積による肥満防止につながってくる。これがトウガラシを摂取すると「ダイエット」「シェイプアップ」になるのだという根拠になっている。

血中のコレステロール値の低下にも効果があるから、結果として動脈硬化、高血圧の予防にもなるということになってくる。よく血圧が高いとき、食事で刺激性のものを避けるように注意されるが、正常な血圧の時に、トウガラシを常時摂っていれば、高血圧になることを防いでくれるのだ。

さらに辛味のカプサイシンが、食塩の摂取量を少なくするのに有効であることも利点であろう。各種料理で塩を減らして、味がもの足りないときに、辛味を加えると味の薄さが補われ塩味の味覚を補ってくれる。また、生の青トウガラシにはビタミンA、Cが多く含まれる。乾燥の粉トウガラシとなると、Cは殆どなくなるが、Aは残されている。使う量によってはビタミン価値も無視できないといえよう。

ニンニク

焼肉道具である「網」、ときには「ジンギスカン鍋」型の隅に、小型の器がのせられていて、そこにニンニクが盛られているのを見かける店がある。器はアルミホイルタイプのもあり、中にはゴマ油とニンニクが一緒にある。韓国の本場の焼肉スタイルをとる店に多い。

適当に加熱されてゴマ油がしみこんだニンニクを口にほおばると、生ニンニクとは違い、焼き栗の味わいに似たまろやかな味が、ほっくりした温かみを伴って口中に広がる。焼肉のうま味である肉汁や適度な熱さのテクスチャーの連続の中で、わずか一片のニンニクの味わいは、絶好のアクセントなのだ。このニンニクの刺激と食べるタイミングが次のビールや酒の一杯につい手が出るきっかけになる。

ニンニクはこの食べ方だけではなく、焼肉のタレ、キムチの薬味、各種スープ類の隠し味として多様に使われている。このニンニクの使い方が焼肉料理店の「良い味」「おいしい味」を演出してくれる香辛料といっても言い過ぎではないだろう。

ニンニクは朝鮮半島の料理に多用される材料である。あらゆる調理法にこのニンニクが薬味（薬念《ヤンニヨム》）としてかかわっている。このようにニンニクが生活に密接にかかわっているのはどうしてだろうか。

ニンニク二十個と朝鮮の神話

ニンニクは中央アジアから西アジアにかけての地域がどうやら原産地のようである。エジプトのピラミッド建設の労働者たちがニンニクやタマネギを食べて体力をつけて、あの壮大な建造物を作り上げたことは有名な話である。六千年前の壁画にそのことがはっきりと描かれているからである。これが世界でニンニクのことを記録しているもっとも古いものである。

朝鮮にもニンニク神話がある。朝鮮という国を建てたいきさつを記した『三国遺事』（十三世紀後半）には、古朝鮮時代の話が出てくる。「檀君神話」といわれているものだ。熊と虎がひとつの洞窟に住んでいた。人間になりたくて天子に願い出たところ、ヨモギ一束とニンニク二十個が与えられ、百日間太陽に当らないようにと言われた。熊は言われたとおりにしたので女性になり、虎はそれができなかったので、人になれなかった。この熊女と天子の恒雄《かんゆう》の間に生まれたのが檀君で、檀君朝鮮という国家が建てられたということになっている。今から四千数百年前の話とされるが、年代には異論も多い。

このように、神話にニンニクが登場してくるわけで、「大昔」の建国以来、ニンニクは朝鮮半島の生活に深くかかわってきたのである。

ニンニクは漢字では「蒜《ひる》」と表し、朝鮮語ではサンと読む。朝鮮半島に仏教が広まったのは六世紀頃、その全盛時代とされるのは高麗時代である。仏教では殺生禁止つまり肉食禁止の戒律があったが、そのひとつ禅宗では「不許葷酒入山門」の考え方があった。葷酒つまり匂いの強いニンニクやネギ類と酒は、山門（寺）内に入ることを不許《ゆるさず》であった。

仏教が隆盛していた十世紀頃の高麗時代の記録には、修行中の僧侶たちが山門から出て、村落をまわりながらニンニクをかじり、酒の匂いをプンプンさせていると非難した話が残されている。国教である仏教、とくに禅宗で厳しく統制されているにもかかわらず、これほど生活の中にしっかり根を下ろしてしまっていたのである。

また『三国史記』（一一四五年）には、「立秋後の亥の日に蒜園で御農祭を執り行う」とあることから、蒜園でニンニクが作物として大切に栽培されていたことがうかがえる。『東医宝鑑』（一六一三年）にも医薬品としての蒜の使い方が各種記されており、朝鮮半島の生活で、蒜、ニンニクの存在は大きいものであったことを裏付けてくれている。

ここで筆者のことを語ることを許していただきたい。

一九二三年九月一日、大地震が日本を襲った。関東大震災である。このとき筆者の父は日本に単身で稼ぎに来ていた。千葉・船橋にいたそうである。朝鮮人が暴動を起こすというデマが流布され、朝鮮人が多数虐殺される痛ましい事件に父親は巻き込まれた。一緒に来ていた母親の従弟《いとこ》は父の目の前で殴り殺された。父親は助かった。脚気という病気にかかって寝込んでいたからである。当時日本には脚気が流行していたそうだ。ビタミンB_1不足による病気である。朝鮮では経験したことのない病が日本にはあった。なぜ朝鮮になかったか。毎日の生活にニンニクがあったからである。ニンニクを常食する朝鮮の生活なら脚気なんていう病気にはならなかったのである。父親の話では当時の日本の食事にはニンニク類は全くなかったという。しかし、脚気の理由がニンニクを食べないからだという認識はなかった。「日本の水が悪いからだ。朝鮮に帰って故郷の水を飲めば治る」というのが、当時の朝鮮人たちの望郷の念と共に抱いた思いだったらしい。当時の朝鮮の生活文化と日本のそれとの違いを表すエピソードであろう。

ニンニクの価値

では、ニンニクの具体的な効能はどんなものだろうか。

有効成分は科学的には三つある。加熱しても有効なスコルジニン、生ニンニクの効用の主成分アリシン、そして調理することでスコルジニン、アリシンの変化成分となるアホエンである。

スコルジニンを与えたネズミの精巣中の精子の形成像によって、与えないネズミに比べて、多数の精子が生ずることが確認され、ニンニクのスコルジニンが男性器官を活性化させて性欲増進へとつながるとみられている。

スコルジニンを与えたネズミとそうでないネズミとを使ってプールで遊泳実験をすると、スコルジニン投与のネズミ群が、そうでない群より水中遊泳時間が数倍長いことが判明している。すなわち運動の持続性、スタミナ増大効果があるわけだ。ウサギを用いたコレステロールのテストでは、スコルジニンを投与されたウサギの血液中コレステロール値が、投与されないウサギ群に比べると低くなることが分かっている。われわれが焼肉の脂身を多く食べるとコレステロールの蓄積が気に掛かるが、ニンニクを食べるのは良いということなのだろう。肝臓機能をチェックするＧＯＴ、ＧＰＴを低くする効能もあり、肝機能保全効果も期待される。

生ニンニクをすりつぶしたときにつくられるアリシンにも男女性器を刺激する作用があるが、これらが性欲増進つまり、強精作用と受けとめられることとなる。

ニンニクの効能が明らかにされたきっかけは、このアリシンにある。

生ニンニクがつぶれて空気に触れるとアリインという成分がアリイナーゼという酵素に分解されてアリシンに変わる。

ニンニク中のアリシンはビタミンB_1と結合する。これで「ニンニク型ビタミンB_1」、アリチアミン（商品名アリナミン）ができた。豚肉にはB_1が多いので、料理にニンニクを用いることは、その効果を一段と高めてくれることになる。

このニンニク型ビタミンB_1は、B_1単体とは違って、体内への吸収力が高く、長い時間体内に貯えられ利用効果が大きいのである。B_1不足による脚気、筋肉痛、神経痛の治療にも優れた効能を示すのはこのためである。

エジプトのピラミッド建設労働者たちの激しい労働作業を支えたのは、これらの効能がかかわっている。スポーツ選手にニンニク常用者が多いことも、これで理解できるだろう。

アリシンはその化学構造の特性から、肉類に多いタンパク質と結合しやすい。その結果、アリシンが消化を助ける役割を果たしてくれる。焼肉に限らず、肉類、魚介類の料理でも同じ効果がある。

風邪をひくとニンニクが良いとする人たちもいる。風邪の原因のウイルスをやっつけることはできないが、鼻腔や咽頭にいる化膿の原因になる菌を抑える役割を果たしてくれる。

これら、スコルジニンとアリシンがニンニクの調理過程で、変化することによってみられるアホエン効果というものがある。変化の成分はいろいろあるが、分かっていないものも多い。効果があるもののひとつにアリルメチルトリサルフィトと呼ばれるものがある。

焼肉などの肉類を多食することにより、コレステロールや飽和脂肪酸などが蓄積し、血管が狭くなる。これが原因で血栓ができることなどもあるが、これを防ぐ方法のひとつに血の流れを良くしてくれるニンニク、タマネギ類の摂取によってアホエン効果が期待できるのである。

コラム　タン塩の誕生

人気メニューのタン塩ですが、実は伝統的なメニューではありません。第一、タンそのものがあまり利用されていなかったのですから。

タン塩を最初にメニューに取り入れたのは、「叙々苑《じょじょえん》」の新井泰道会長です。タンと言えば、タンシチューくらいしか利用方法がなく、素材として、ふんだんに余っていました。新井会長は、そこに目をつけたのです。昭和50年のことでした。

仕入れ先の食肉加工業者からも勧められて、焼肉店の料理としては初めての塩味メニューとして登場したタン塩は、新鮮さも手伝ってたちまち評判になっていったそうです。

そしてあるとき、銀座のホステスがタン塩を前にこう言ったというのです。

「レモンをいただけないかしら？」

半信半疑でレモンを差し出すと、そのホステスは、「タン塩にレモンを搾るとおいしくなるのよ」と教えてくれたのです。

「これだ！」ピンときた新井会長が、早速、試しにメニューにしたところ、爆発的にヒット。いまや逆に品薄のために高級メニューになっているというわけなのです。

漬物とつまみ

김치와 안주

白菜キムチ

キムチの呼称と歴史

キムチとは朝鮮半島での漬物の総称である。日本語の「漬物」に相当する表現である。表記にいくつかの変遷があったのだが、当てられている漢字は「沈菜《チムチェ》」で、野菜を沈めて漬けるという意味からである。このチムチェがチムチ、キムチへと訛音《かおん》化したとみられている。

日本ではキムチ（kimuchi）と発音されているので、キムチ（Kimchi）と正確に発音すべしとの意向がキムチの本場の韓国から提起され、正式にはそのようになることで決着された（一一一頁）。

もともと調味料、塩辛、漬物などの発酵、醸造食品は古くからあったが、今日キムチといっていただいている、赤くて辛いトウガラシの使われている漬物の歴史は、そう古いものではない。せいぜい三百年にもならないものである（九一頁）。

野菜類を塩に漬けることを具体的に記録した文献は詩人李奎報《イギユボ》（一一六八〜一二四一）の『東国李相国集』の「家圃六詠」の中にみられるのが、最初とされる。詩には瓜《うり》、茄《なす》、菁《かぶら》、葱《ねぎ》、葵《あおい》（朝鮮冬葵《ふゆあおい》）、瓠《ふくべ》の六種の野菜が登場する。菁のところに「得醬尤宜三夏食、漬塩堪備九冬支」とある。菁はいまのカブラ、ダイコンのたぐいで、醬に漬けて夏に食べるとあるのは、現在の醬漬けのようなものであり、塩漬けにして冬に備えるとあるのは、現在のキムチの原型である。この頃のキムチは、ダイコンやカブラなどを塩漬けにした単純な野菜の保存食品であったようだ。

韓国慶尚北道英陽郡石保面院里洞《キヨンサンブクトヨンヤン》の名門李家には、一六七〇年頃に編された『飲食知味方《ウムシクチミバン》』が保存されていた。李時明《イシミヨン》夫人の張氏《チヤン》（一五九八〜一六八〇）が、自分のつくっていた各種料理類のつくり方を細かに記し、嫁ぎゆく一家の女性たちに、書き写して持たせたものである。一九五九年に世に出た貴重な書である（鄭大聲編訳『朝鮮の料理書』平凡社、東洋文庫に収録）。

これに各種の漬物が出てくる。しかし注目すべきはキムチづくりの材料にトウガラシは一切みられないことである。

このように野菜類を保存する目的でつくられた漬物類は塩を基本にして、ニンニク、生姜《しようが》、蓼《たで》、山椒などの香辛料が合わされたのが主であった。

今日のようにバラエティに富んだ各種のキムチがみられるようになるのは、十八世紀半ばすぎてからのことである。

一七一五年の『山林経済』という農書にはじめてトウガラシ栽培法が出るのだが、漬物のつくり方にはトウガラシはない。トウガラシを使う漬物が出てくるのは、半世紀後の『増補山林経済』(一七六六年)である。ここに、「葉つきのダイコン、海草、カボチャ、ナスなどとともにトウガラシや、山椒、芥子などをまぜ、たっぷりのニンニク汁に漬ける」とある。

キュウリのオイソバキと呼ばれるキムチ、水分たっぷりの水キムチと呼ばれる冬沈《トンチミ》、ナスのキムチ、アワビ、牡蠣《かき》入りのキムチ、白菜キムチ、現在あるキムチのほとんどが、この書にはみられるようになるのだが、この頃から各種の野菜や香辛料、そして塩辛、とりわけトウガラシを使う漬物類のキムチがいっきに多様化する。キムチ文化が花開くことになるのだ。

空前のキムチブーム

焼肉をいただくときにこのキムチがセットであるといっても言い過ぎではない。とくに日本の焼肉店ではそのパターンは定石といえるだろう。焼肉をほおばったときのこくのある味、そして温かくてジューシーな肉汁とぴったり合うのが、このキムチ、それも白菜キムチと相場がきまっているかのようだ。焼肉好きにはこたえられない味そのものである。

例えば焼肉を箸《はし》でつまんでほおばる。何度か嚙んで、次いで箸でキムチをつまみ口にする。熱い肉を冷ますと同時にトウガラシの辛味が食欲を刺激し、ますます焼肉はおいしくなるのである。

いま日本はキムチブームであるが、実はこのブームの始まりは焼肉店にある。もともと昭和二十年の日本の敗戦まで、焼肉もキムチも日本の食生活にはなかった。いわゆる戦後の混乱期に初めて焼肉料理がキムチと共に登場するのである。

当時、混乱の最たるものは食糧不足であった。そのようなときに在日の朝鮮人（当時はすべてこのように呼んだ）たちが生きる手段として開いた食堂に、焼肉とキムチがあった。何でも食べて生きる時代に、キムチと焼肉は人気料理になった。焼肉のおいしさとキムチに慣れた人が増え、やがてキムチの単品が商品化されて日本の家庭に広まっていった。辛いがおいしい、一度食べたらやめられない、というようなところから、キムチの味はおおきく輪を広げるに至ったのである。

この稿を進めている二〇〇一年の春現在、日本のキムチの消費量は、年間で三〇万トンを超えた。一九九五年が一〇万トンであったのが、五年で三倍増したのである。日本の漬物類の中で単品としてトップである。消費は未だ増える傾向である。焼肉店から味を知られたキムチが、今や日本の漬物産業のトップ商品となり、日本人の食欲を刺激してやまない存在にまでのし上がったのである。

この状況を知るために行った調査結果をまとめてみたい。

日本の各地の大学生を中心に二五二六名にアンケート調査を一九九八年に行った。筆者の属する滋賀県立大学の学生が研究テーマとして取り上げたものである。詳しくは『人間文化』（滋賀県立大学人間文化学部研究報告 vol.7、一九九九年）にある。

要点のみをかいつまむと、九九・七％がキムチを知っている。九三・六％が食べたことがある。キムチを好きが五二・七％、やや好きが二三・三％、普通が一三・七％、嫌いとやや嫌いが合わせて一〇・三％である。

好きとやや好きを合わせた七六％が、キムチに嗜《し》好《こう》性を持っていることが分かった。

これはあくまで大学生を対象としたものであるため、一般人の全体像であるかどうかは分からない。しかし、食品メーカーなどが行った社会人とくに女性を対象としたアンケート調査などでは、キムチを含む辛い料理の嗜好度が高いという結果が出ている。

キムチはもともとご飯や焼肉料理におかずとしてつく常備の野菜だった。

ところが日本ではその幅を越えて各種料理の調味材として使われているという特徴がみられる。筆者たちの調査でもラーメン、スープ、チャーハン、炒めものに使うのが多いという結果が出ている。これはキムチの辛味を生かした利用法といえる。

別な調査では若者の辛味嗜好を調べてある。男女とも胡椒に九一％、赤トウガラシに七五％の嗜好性を持っており、辛い料理で好きなのでは、カレーとキムチがほぼ同じでトップグループにランクされる。

若者たちに辛味嗜好性が強いことが分かる。

一九九九年の春頃から、トウガラシが異常なブームを巻き起こした（日本経済新聞、一九九九年五月二十日夕刊）。若い女性がダイエットと美容に効果があるとばかりに、粉トウガラシをバッグに忍ばせて持ち歩くのが流行した。食事の時にこれを振りかけていただくというのである。トウガラシ茶まで登場した。

この辛味嗜好のベースにはキムチなりカレーライスが大いにかかわっているとみてよい。

焼肉料理店から広まったキムチが、いまや日本の食嗜好分野の色を塗りかえようとしていることになる。

キムチ戦争

ところで、キムチに限らず一般に漬物は、そのつくられるプロセスで発酵という作用が進む。発酵とは微生物の生育が進み、食品が変化をみせても、人がそれを利用できることを指す。もし利用できず有害な結果をもたらすとき、これは腐敗と呼ぶ。発酵と腐敗はともに微生物の呼吸作用から起こるもので、その違いは人間が利用できるかできないかを基準にして便宜上区別しているところにある。

キムチは野菜を塩漬けし、時間をかけることによって発酵現象の起きる食品である。そしてキムチの価値はこの発酵食品というところに、その真髄が存在することになるのだが、キムチ発酵の過程でみられる微生物の変化は、かなり複雑である。なかでも乳酸菌が目立って多くなり、乳酸という酸味の成分がつくられる。この微生物の発酵作用により、野菜類にはなかったビタミン類が新しく生産され、キムチは栄養に富んだ漬物へと変身する。乳酸菌のつくった酸味のほどよい時期に、このビタミン類の生産もピークになるのだ。一般に発酵キムチのおいしいとされるのは、この乳酸が多くつくられたときである。

したがってキムチの味は栄養の豊かなときが、いちばんおいしい、ということになるわけだ。

本場のキムチは、この発酵作用がしっかり進んだキムチで、十分な熟成による味と栄養が保たれているが、昨今の日本でみられるキムチの大部分は、この発酵、熟成が十分でない「浅漬けキムチ」である。この品質の違いが、空前のキムチブームと相まって、全く別の展開をみせている。いわゆる、「キムチ戦争」である。

日本でキムチの消費量が急速に増加しているのを見たキムチの本場、韓国は、早くから対日輸出に力を入れてきた。

ところが日本で流通しているキムチは浅漬けタイプのキムチが圧倒的で、発酵した熟成タイプの本場キムチは、流通しにくい。

これはキムチの「宗主国」として甚だ気にくわない。加えてキムチの呼称もキムチという発音では正確でない。この二つの面から韓国は、日本で流通しているキムチは、規格に外れたものと指摘したのである。

そして韓国の農林水産部はキムチの国際食品規格を作成し、一九九六年の三月に、東京で開かれた食品企画委員会「コーデックス委員会」に提出、採択されるに至った。

そこで日本側があわてた。規格どおりになれば、日本の流通キムチの多くはキムチでなくなる。キムチ生産業者はショックを受けたようだ。そこで日本の農林水産省が韓国側と折衝することになって、品質規格は再度検討されることになるのである。かなりの時間をかけて双方が歩み寄り、ようやく二〇〇〇年の春に決着がついたようである。

もっとも、この「戦争」ならぬかけひきの思惑は、商売上の話である。

キムチという食べ物を文化としてとらえるならば、何ら問題はないと考えるのが筆者の立場である。食べものはすべからく時代とともに変化するし、オリジナルが伝播《でんぱ》していく先々で変化する。これは食文化の法則といえよう。

キムチが広まった理由のひとつに健康によいという受けとめ方があろう。

この健康への価値をみるならば、発酵熟成キムチと浅漬けキムチとはちがってくるのだ。

まず本場の熟成した発酵キムチは、乳酸菌が沢山いる乳酸菌食品であり、その価値が期待できる。発酵微生物によって生産されるビタミンB_1グループの栄養をはじめ、近年の韓国の研究ではキムチ汁に癌《がん》を抑制する効果のあることが報告されている。これらは発酵プロセスを経た熟成されたキムチにおいてみられる効能である。浅漬けタイプのキムチではこの効果は期待できない。

しかし、キムチの効能はこれだけではない。

野菜に含まれる食物繊維は胃腸を刺激して働きを活発にし、野菜と一緒に摂った食事の消化を助けてくれる。また、トウガラシに含まれる辛い成分のカプサイシンも、胃腸を刺激し消化液の分泌を促してくれるので、相乗効果で食欲を増進させてくれる。カプサイシンは血液の循環をよくし、体温を上げてくれるし、神経を刺激してストレス解消効果をもたらしてくれるのだ。

いずれにしてもキムチという食べものが、生活のなかにプラスをもたらす価値があるからこそ受け入れられ、広まっていくのだといえよう。

「キムチ戦争」とは関係なく、庶民の間にキムチの消費はますます広がりをみせることはまちがいない。

カットゥギ

王女のアイデアメニュー

焼肉店の人気キムチのひとつで、白菜キムチとはちがった味わいが楽しめるのが、ダイコンの角切りキムチ、カットゥギである。カッとは「角《カッ》」のことで、カットゥギは「角切り」を意味する。

このダイコンを角切りして赤いトウガラシを用いて漬けこまれたキムチが、焼肉店で隠れた人気メニューなのである。ダイコンの歯触り、適度な辛味、そして酸味とうま味。これが熱く焼けた肉を食べている口中でうまく混ざり合って、焼肉のおいしさを引き立ててくれる。白いご飯をいただくときにも、相性がよいことは言うまでもない。

このカットゥギキムチは朝鮮朝の宮廷料理からでた格調あるキムチとされ、このキムチの有名な地は、いまの韓国、忠清南道《チユンチヨンナムド》の公州《コンジユ》というところである。漢字では「刻毒《カツドツ》気《キ》」と表したようだ。

この公州カットゥギが生まれるいきさつには、いささか面白いエピソードがある。そもそも、ダイコンの角切りしたものがキムチとして考え出された動機は、王様の関心を引くためだったというのだ。

洪善杓《ホンソンピョ》著の『朝鮮料理学』（一九四〇年）によれば、李朝・正祖王（一七七六～一八〇〇年）の娘で、宮臣の洪顕周《ホンヒョンヂュ》に嫁いだ人が、父である王に献上したのが始まりとなっている。

では娘がどうして父である王にダイコンの「角切り」キムチの献上を思いついたのだろうか。

これについては面白い推測が別なところでなされている。洪顕周つまり正祖王の婿には、いわゆる「妾」がいたというのである。王の娘が正夫人であるのに妾をつくるようなことは、そう大した問題にならない時代だったといえようか。

そして娘は王である父にそのことで何か訴えたいことがあった。そこで、わざわざ目新しい食べものとしての「角切りキムチ」を考えつき、それを献上するという名目で、宮中に出かけたのである。白いダイコンを四角のサイコロ型に切りそろえ、ひと口で食べられる大きさにし、さらにダイコンの白い色と対照をなす赤い粉トウガラシをまぶして、彩りを鮮やかにした。

それまでにこのようなタイプのキムチはなかったとみてよい。ダイコンを短冊型に切った「ナバッキムチ」や、小型ダイコンを丸ごと漬ける「冬沈《トンチミ》」と呼ばれるものが、一般にはダイコンを材料としてのキムチであった。

また、鮮やかな色彩を演出するトウガラシは、外からの伝来食品として、朝鮮半島ではようやくこの頃から一般的に使われはじめたものだった。

彼女が考案したキムチにするというのは、まさに新しいアイデアメニューそのものであったわけだ。

さらに特徴的なのは、赤色と白色の対照をはっきりさせるために、漬け込んでから時間をあまりかけていなかったろうということである。ダイコンをひと口大の大きさに切った小型のものでは、熟成するにしても、白菜や丸ごとダイコンよりも早く仕上がる。つまり、発酵・熟成のプロセスの比較的短い浅漬けタイプのキムチだったということである。

食べつなぐための保存タイプのキムチというよりも、短期間で消費する「インスタント」漬物が、「長期的」に宮廷料理に取り入れられることになる。したがって、カットゥギキムチは、宮中のみでつくられ、大臣や高官たちの食膳にのみ出される料理となり、下級官吏には味わうことのできないものだった。もちろん宮廷の外にいる庶民の知る食べものでもなかったことになる。

なぜ公州なのか

このダイコンの角切りカットゥギが宮廷より出《い》でて、庶民の生活の中に入るには多少の歳月がかかったようである。

名は不詳であるが、正祖王後の宮中での政権抗争に巻き込まれたある大臣が失脚する。政権から追われて、彼が都落ちした先が公州であった。公州という地は由緒あるところで、古代国家百済《くだら》の首都にもなっていたこの地は、それなりの地位についた人たちが多い地域だったといえる。

政争に負けた口惜しさ、都のソウルを離れた淋しさ、また華やかな宮廷での生活の想い出は、忘れることのできないものだったに違いない。ましてや公州の地はいわゆる文化性に富んだところである。都落ちしたとはいえ、自分は宮廷生活者だったということを人に知らせたい気持ちになるのは自然だっただろう。

そこで公州にはないものを自分がつくってみようということになったのが、都で食べたあの優雅ともいえる赤白コントラストのカットゥギであった。

男が料理するわけでもないので、家族ぐるみで、宮中のカットゥギの味の再現にチャレンジすることになる。何度か試みて、うまくできたキムチを近所に分け配る。これも一種のデモンストレーションだったのだろう。

都のソウルの宮中では、このような珍しいキムチが食べられているということをPRしながらも、実は自分はその宮中で生活していた者だということを、知ってもらいたかったに違いない。

こうして、珍しい角切りキムチのカットゥギは「品のあるキムチ」として広まっていく。

品があるというのは正四角形で、白と赤の調和から演出されるところから来るのだろう。他のキムチには形のくずれたのが多く、上品さを演出できる要素に乏しいのだ。

宮廷メニューだったということからもさらに上品さが強調され、国王が食べているメニューとして「格付け」されて広まっていく。

そして他地方の人たちが公州で初めて味わったキムチをたたえて、「公州キムチ」と呼ぶようになったのである。

カットゥギの味

カットゥギの材料となるダイコンだが、これは朝鮮半島の在来種の方が適しているようだ。日本のダイコンもすばらしいものが多いのだが、たくあんなどにするにはちょうどいのかもしれないが、カットゥギにすると歯触りが韓国のものと微妙に異なる。つまり韓国のカットゥギ用ダイコンの方が日本のたくあん用ダイコンに比べると少々硬いのだ。カットゥギにして歯触りを味わうのは硬めの方がおいしく感ずる。

それだけではなく、漬けて熟成が進むと水っぽいダイコンの方は角切りの角が取れやすい。つまり形がくずれたようにみられるのだ。

韓国のダイコンは小ぶりで身がしまっているので、熟成したカットゥギキムチもしゃきっとしている。

焼肉店でカットゥギを楽しむときには、ダイコンの歯触りに注意してみたい。歯触りを大切にするなら、熟成キムチより浅漬けで形のしっかりしたものの方がおいしく感じられるかもしれない。

キュウリのキムチ

辛いキムチの始まり

少し酸味のあるさわやかさと、ピリリと利いたトウガラシの味、キュウリのキムチ特有の歯触りは、焼肉のこくのある味を「中和」してくれるようだ。そのむかしは夏の季節メニューだったキュウリのキムチ、いまは季節に関係なく味わえるようになって、焼肉ファンにとっては頼もしいメニューとなっている。

種類はいくつかあるが、だいたいオイキムチと呼ばれている。オイとはキュウリのことだが、本来作り方によって呼称がちがっている。

例えばオイカットゥギは、キュウリを角切りにして薬味と粉トウガラシ、塩辛と塩を加えて漬け込んだもの。オイソバギはキュウリを二〜三等分に切り、それに十字の切り目を入れ、そこにネギ、ニンニク、生姜を刻み、粉トウガラシをよく混ぜた具をはさみ込む。これをネギの葉でくくり、薬味の汁を加えて漬け込む。オイはキュウリ、ソは中の意、バギは差し込むの意である。このキムチが最も手の込んだデラックスなキムチとされる。

また正式にオイキムチと呼ばれるものも、これに似ている。キュウリの胴に十字の切り込みをつくり、これに塩をして、しんなりさせてから、ネギとニンニクの刻んだものに粉トウガラシを混ぜたものをはさみ、薬味汁を注いで熟成させたものだ。

いま焼肉店では、このキュウリのキムチのメニューを正確に区別して出しているところは、そう多くない。オイソバギ・オイキムチ、オイカットゥギが混合したようにアレンジされていることが多い。オイソバギだけをみれば、キムチとしては、白菜キムチより歴史が古いとみてよいだろう。『増補山林経済』(一七六六年)に、はじめてキムチにトウガラシの使われるのが記載されるのだが、キュウリのオイソバギの作り方は、そのときのものといまも変わらない。トウガラシが漬物に使われた最初がこれらの瓜類であった。

菜類を漬物としたキムチも記されているが、これには未だトウガラシは使われていない。キュウリのオイソバギが最初に辛くなった漬物だということになるだろう。こうして漬物のキムチに辛味がつき、辛味に慣れてやみつきになって、それは広がっていく。

いまやどこへ行こうとも辛いキムチなしでは困る、という文化も、元をただせば、キュウリとトウガラシのドッキングから始まったといえるのだろうか。

キュウリは瓜の仲間であるが、朝鮮半島の瓜の利用の歴史は古く、五世紀頃日本に瓜が伝わったのは朝鮮半島からであったことがはっきりしている。

京都府の南部の相楽《そうらく》郡の狛田《こまだ》にある谷と呼ばれる集落には、「瓜生田の遺跡」と書かれた石碑がある。

これは、狛人（朝鮮半島からの渡来人）がこの地に開いた「田」で、瓜なる渡来作物を栽培していたことを記念して彫られたものである。瓜は朝鮮からの渡来人が新しく持ってきた作物で、名称も朝鮮語のままで「オリ」と呼ばれていたことは古語辞典類で確認できる。この頃は朝鮮、日本ともに「オリ」であったのだ。

やがて奈良時代に日本では「オ」が「ウ」へと変わり「ウリ」になる。朝鮮半島では「リ」の発音が「イ」となって「オイ」になる。ウリとオイは一見つながらないようにみえるが、元は同じだったのである。

やがてそれとはちがう瓜つまり、キウリ（黄瓜、胡瓜）が伝わるが、日本ではあまり利用されなかった。江戸時代には花を観賞用としたくらいだったという。

日本ではキュウリと呼ぶのは瓜の黄色をしたものとの意のようだ。緑色のものが熟すると黄色になるところから名付けられたのだろうか。

朝鮮半島では瓜と同じく、これを「オイ」と呼び十八世紀くらいから食用に利用している。そして、オイと呼んでいた瓜を「チャムオイ」（チャメ＝まことのオイ）とし、キユウリのことを「オイ」と呼んで区別するようになったわけである。

オイキムチをいただきながら、そのルーツをたどっていくと、このような朝鮮・日本の食文化の交流に行きつくところが面白い。

開城の名物キムチ

焼肉店でときどきみかけることがあるが、デラックスな「ポサムキムチ」というのがある。韓国旅行の土産用にも売られているキムチで、大きな白菜葉に各種の具を包み込んで漬け込んだ凝ったものである。

「ポサム」とは「包む」との意味である。「ポ」は「包」に通じるし、「サム」も「包む」ことを指している。つまり「包み込んだキムチ」ということになるだろう。

このキムチの名産地は開城《ケソン》である。いまの北朝鮮に位置する開城は高麗時代の都であった。十四世紀末に都が開城からいまのソウルに移るまでの五百年、国の中心として栄えた由緒ある土地柄である。この開城の料理が有名である。高麗時代の宮廷料理の流れを汲んだ各種の名料理が多くある。いまの韓国で宮廷料理として取り上げられているのは、都がソウルに移ってからの李氏朝鮮（李朝）王朝の宮廷料理だが、高麗時代の名残りは、この開城地域の料理にみることができる。

この地域には、品が良くて見栄えのする凝った料理が多く、宴席に出される品数も多いので、筆者も驚いたことがある。

高麗時代にはトウガラシは伝わっていないので、料理には使われていない。このポサムキムチが、トウガラシと大型の白菜が伝わってきてから考え出された食べものならば、創られてから三百年は経っていないだろう。せいぜい二百数十年の歴史とみることができる。都がソウルに移ってからのちに開城で生まれたキムチなのだ。

実際、材料になる「開城白菜《ベチュ》」がこの地域に中国から伝えられたとされるのが、それくらいである。開城は高麗の都があった由緒のある地域だけに商人が多かった。海外に出かけた商人が、中国の山東地方から、今日山東菜と呼ばれる白菜種を持ち帰ったといわれている。開城白菜は有名で、大きな葉は丈一メートルくらいに達する半結球の白菜である。この大きな葉に塩をして広げ、それに各種の薬味類をのせて包み込むのである。

開城のオリジナルでは、栗、椎茸、石茸、セリ、ダイコン、芥子菜、ネギ、ニンニク、生姜、糸トウガラシ、粉トウガラシ、塩辛、生牡蠣《なまがき》などを具材として葉にのせる。これをできるだけコンパクトになるように包み込む。これに薬味汁をかけて漬け込んで熟成させる。

この漬け込み熟成が本来のものなのだが、時間をかけないで、浅漬けで仕上げているポサムキムチが、土産用のものなどには多いようだ。生の牡蠣が使われるように、他の新鮮な魚介類を使ってデラックス感を出すには、浅漬けの方が都合がよいからである。焼肉のあと口にこのデラックスなポサムキムチも、別の満足感を味わわせてくれるだろう。

水キムチ

辛くないキムチ——冬沈

漬物ではあるが、水分たっぷりで、その汁を味わうのが主たるキムチを、「ムルキムチ」（水キムチ）と呼ぶ。

大別して二種類ある。ひとつは冬沈《トンチミ》と呼ばれ、いまひとつは「ナバッキムチ」と呼ぶ。焼肉を食べながら口の中をすっきりさせたいとき、ビールや水割りをいただくのも良いが、この種のキムチ汁をスプーンでいただくのもまた別な味わいといえるだろう。ご飯を食べるのにも、この水キムチの汁はとても良く合い、食欲をそそってくれる。

冬沈とはまさにキムチの名称としては、実態にぴったりのものだろう。季節の「冬」に漬けることを「沈める」としたわけで、漬物そのものの特徴がよく表現されている。先に取り上げた白菜キムチ（一〇四頁）よりはるかに古くから生活に根づいていたキムチで、つくり方も単純である。

小ぶりのダイコンを丸ごと塩をして壺などに詰め、ニンニク、生姜、ネギの白身部分など適当に加えて、沸かした塩水を注いで密封して、漬け込む。冬の寒いときなどに土中に埋め込むことが多い。

このキムチは辛くない。粉トウガラシは使われないのである。丸ごとの赤トウガラシを象徴的に浮かべることはするが、それによって辛くなることはない。朝鮮半島にトウガラシが伝来する以前から食べられていたキムチだからである。香りを出すのに柚《ゆず》、梨、キュウリ（夏に塩漬けしておいたもの）などがよく使われ、一緒に漬けられる。寒さの厳しい朝鮮半島の昔の生活で、この冬沈は冬の間の野菜代わりになる貴重な貯蔵食品だった。それだけではない。冷麺のスープに使われるし（二四三頁）、来客の接待の飲料としても役立つものだった。

冬の夜、外に出られない若者たちの何かの集いのときには、この冬沈のダイコンをかじり、汁をいただくのが唯一のデザートだったと年輩の人たちは語ってくれる。低温で発酵、熟成させることになるので、長期に亘って食べ続けられるキムチとなり、冬の食卓には欠かせない存在であった。普通はダイコンを適当に切り、薬味の具材も切りそろえてキムチ水に浮かべるように盛りつける。柚、梨などの果実類を飾りつけのようにあしらえば、見た目にも美しいキムチとなる。

冷所で漬けられるので、歯にしみこむような冷たい味が、温かい肉やご飯をすすませてくれる。ダイコンのさくさくした歯触りも何ともいえない味わいとなる。

キㇺチの汁はうすい塩味とほど良い酸味がさわやかでおいしい。二日酔いで頭もさえず、食欲もないときに、冬沈の汁をいただくと、気分がすっきりし、その胃腸にしみわたるような感じは、二日酔いを一気に解消してくれるようだ。

いまこの冬沈タイプのキㇺチを出してくれる焼肉店は少ないが、このタイプのキㇺチこそ、新しいメニューとして取り入れることが求められているのではないだろうか。

朝鮮通信使とナバッキㇺチ

これも水キㇺチである。春につくられるキㇺチで冬沈を食べ終わってからの食卓に、冬型の冬沈に代わって登場するおかずなので、春キㇺチともいわれる。

ナバッとはダイコンのことで、古くは漢字で蘿蔔《ナボツ》と表した。このナボッが訛《なま》ってナバッとなったわけで、ダイコンが主に使われる水っぽいキㇺチである。ただ同じダイコンを使った冬沈とちがうのは、材料を小さく切りそろえて、水っぽく短期間で仕上げる「インスタント」的なキㇺチであることだ。

ダイコンなり白菜を短冊型にうすく切り、これに芹《せり》を入れるのが春キㇺチの特徴といえようか。他にニンニク、ネギ、生姜を薬味として使う。古くはトウガラシが使われなかったのは、冬沈と同様であった。

しかし、昨今のナバッキムチは粉トウガラシ、糸トウガラシを用い、そのキムチ汁はピンク色である。これはトウガラシが使われるようになってから、従前のナバッキムチに赤トウガラシが導入されて変化したからである。したがって辛味はあまり強くしていないのが普通である。具材の色と水分ににじんだトウガラシのピンク色。美しい彩りをみせてくれるこのナバッキムチは、李朝の宮廷料理の菜として重宝がられた。これは匙《さじ》で上品にいただける点が宮廷料理に向いているのだ。塩分もトウガラシの辛味もうすい上に、乳酸発酵によるほどよい酸味のさわやかさが、ご飯にぴったりだった。むろん、当時の一般家庭の冬の食生活では欠かすことのできない食卓の菜であった。

ところでこのナバッキムチが、江戸時代に日本でつくられていたことがわかっている。すでにカルビ（三四頁）、センマイ（六一頁）のところで取り上げたが、一七一一年頃に来日した朝鮮通信使の接待のために出された『信使通筋覚書朝鮮人好物附之写』の中に、このナバッキムチが「キミすい」として出てくるのである。

少々長いようだが、そのまま次に引用する。

沈菜　キミすいと云

此きみすい彼国都鄙《とひ》上下共ニ好物故、朝夕の膳部になくて不レ叶《かなわず》様ニ賞味するなり、大こん長サ弐寸四歩ほど、厚サ壱歩程たんざくぎり、一もじねきり、弐寸程宛《ずつ》にきり、せり一寸ほどに、茄子輪に切、きうりかあさ瓜かもやしもよし、右ハ水ニ塩少入て沸シ、成程味かろくいかほども汁を吸やうにして、やさいを入、二三日も漬置、よくなれてハ、少醋《すい》キ味有り、是その期也、若《もし》、いまだなれざれバ、酢少点じて味宜しくて、天目にもり汁を八分目程溜ていだす、二日程にもなりし事有り、湯気の所置きてよし、多ハ焼物の類に漬るなり、又其日其日に用るには、右の塩水をわかして野菜にかくれバ、はやばや用ルなり、尤此時酢、酒、塩少宛彼国の人朝夕肉食する故、身躰熱するなり故に四時ニ用レ之《これをもちい》、一飯もきみすいなくてハ食せず、釜山の地をはなれてハ食ふ事ならざるニより、調味よろしくして進める時ハ珍物ニむかふべし。

このつくり方はナバッキムチそのものである。朝鮮の宮廷料理のナバッキムチのつくり方、そして今日韓国でナバッキムチと呼ばれているものと比較しても、同じ類型であることがはっきりする。

但しこの文書のつくり方にトウガラシが使われていない。それは、この一七一一年頃には未だ朝鮮の漬物類にはトウガラシは使われていなかったということを意味するのである。辛いトウガラシが漬物に用いられた記録が文献に出てくるのは、これより約五十年ほど経ってからである。

さらに興味あることは、沈菜《チムチエ》を、「キミすい」と呼んでいることだ。もともと、キムチはチムチェから変遷したものとされるが、しかし、いつからチムがキムになったかが、よく分かっていないのである。ところが、この文書では「沈菜」と記しながら「キミすい」としているのは、すでに「キム」と呼んでいたのを書き取ったからにほかならない。その意味でもこの文書は価値ある記録になり得るのだ。また「キミすい」とした「すい」とは、水っぽいキムチだったからだろう。

こうした朝鮮側の好物漬物のナバッキムチのつくり方が、当時の日本の漬物類にどんなかかわりをもたらしたのだろうか。興味深いところである。

コラム　本格キムチを判別するポイント

大切なポイントは、十分に発酵しているかどうかで、それは酸味に顕著に表れます。ほどよい酸味があれば、しっかり熟成している証拠です。

発酵・熟成が進むと乳酸がつくられ、同時に乳酸菌やビタミンも多くなります。いわば、熟成の進んだ本格キムチほど、栄養価も高くなるというわけです。

ところが、最近、酸味が強くなったキムチは腐敗していると誤解する人がいるようです。日本人は浅漬けキムチに慣れているので、仕方ない面もありますが、腐っているわけではないことを知っていただきたいと思います。

もし酸っぱすぎたら、豚肉キムチやチャーハンに利用するのがいちばんです。実際、このメニューは酸っぱすぎるキムチの利用法として工夫されたものなのです。

副材料として、塩辛類が使われているキムチならば、味にコクもあっておいしいはずです。キムチの酸味とコクは、焼肉店の実力を計るバロメーターです。

熟成したキムチを長持ちさせるには、２〜３℃の低温で保存すればよいでしょう。また、浅漬けキムチを本格キムチに近づけたいときは、５〜10℃くらいの温度で保存して、酸素が出てきたらいただけばよいのです。

このときに、塩辛、カツオ節などを少し添えるのも、味をよくする秘訣です。

チヂミ

焼肉店の一部や韓国家庭料理店で「チヂミ」というメニューに出合うことがある。一見すると日本でいうお好み焼きに似ている。

酒のつまみによく合い、ひと口食べると、ほど良い硬さとその歯触り、焼き立ての温かさは、次のひと口を欲しがらせてくれる。表面の油の味と香りは、このメニューの醍醐《だいご》味《み》そのものだろう。酒のつまみとしてだけではなく、焼肉のあとご飯代わりにちょうどよいので、なかなかの人気料理である。とくに女性に好まれるのは、お好み焼きと同じ傾向といえようか。

焼き立ての温かいときにいただくのがおいしさをのがさないコツでもある。

一般に日本でチヂミと呼ばれているのは、パジョンと呼ばれるものとピンデトッと呼ばれるものを区別しないで混同している場合が多い。小麦粉とネギを使ってお好み焼き風にしたものがパ（ネギ）煎《ジョン》である。これをチヂミと呼んでいる店が多いようであるが、不正確だと言っておこう。

これに対し緑豆の粉に豚肉、桔梗《ききよう》の根、ワラビなどを混ぜて練り、油で焼き上げたものを、「緑豆《ノットウ》チヂミ」「緑豆煎餅《チヨンピヨン》」と呼ぶのだが、通称「ピンデトッ」と呼んでいる。鉄板やフライパンなどに油をひいて両面を平べったく焼き上げるこのピンデトッはまた別名ピンジャトッ（貧子の餅）とも呼ばれたものだが、これには来歴がある。

貧しい人たちを救った食べもの

もともと緑豆粉を練って平べったく焼いたものは、冠婚葬祭時などの床《サン》（膳）にしつらえられる串焼きの肉料理を、高く盛りつけるための台の役割をするものだった。陶磁器の器ではなく、緑豆粉でつくった食べものを置き台にしたのである。串焼きの肉料理からしみ出す脂を吸収させるのに、緑豆粉を油で焼いたものが合ったからだろうとされている。

こうした冠婚葬祭を豪華にできるのは限られた富裕層の人たちであった。彼らは行事を終えて用の済んだ緑豆の粉の台を、食べる対象とはしないが、捨てるには惜しいので、市中の貧しい人たちに分け与えることにしたのである。このことが慣習化して金持ちたちの冠婚葬祭のあとに、この緑豆粉の台が配られる様子が、ソウルで見られるようになっていく。

李朝時代の凶作の年には、貧しい人たちが食べものにありつけないような状況がしばしばしば起きる。このとき金持ちたちが、冠婚葬祭に関係なく、緑豆粉を平べったく焼いて貧しい人たちに施すために「貧子《ピンジャ》の餅《トッ》」を車に積んで分け与えて、貧子を救うのに努力したという。

このことから、この食べものを「貧子餅《ピンジャトッ》」と呼ぶようになっていく。

やがて串焼きの肉料理の盛りつけ台としてではなく、十八世紀頃からは独立した食べものとなるに及んで、緑豆粉のみでなく、各種の具材が加わり呼称も、ピンデトッ、緑豆煎餅、緑豆チヂミへと変わるのである。

いまもっともポピュラーな呼称になっているピンデトッには、どんな意味があるのだろうか。

一般に「ピンデ」という語は、いわゆる南京虫のことを指す。今どき、この虫のことを知っている人は少ないのではないだろうか。知っていたとしても見たことがないのが普通だろう。年輩の方で都会に住まわれた人にとっては「なつかしい」虫ではないだろうか。

この南京虫のはいつくばっている格好が、ちょうど緑豆餅の出来上がった形と似ていること、ピンデと貧子《ピンジャ》の語呂が似ているところから、料理内容は昔とは違って上品なものになったのだが、この名称がいつの間にか一般化してしまったようである。そのため、ピンデの意味も変わりつつある。中国に居住する朝鮮族で政府委員の地位にある人と対談した（一九八五年七月二十九日、北京）とき、ピンデとは「賓待《ピンデ》」の意味であると説明されたのだ。賓客《ピンゲク》つまり大切なお客様を接待《チョプテ》するときに出すくらい貴重でおいしい餅だというわけである。

その方は少数民族の政務機関である、「民族常務委員会」の朝鮮族代表委員の方であっただけに、中国にいる二百万朝鮮族のトップの話として、納得のいく説明と受けとめることが出来た次第である。

盛りつけ用の飾り台から、貧子に施される食べものへ、さらに庶民の知恵が加わって大衆の食べものとなったこの料理は、いまや接待する相手によろこばれるまでの食べものになったわけである。

このメニューは上品でおいしくて海外でも人気があり、ピンデトッはいま韓国が自慢する人気メニューである。韓国の観光公社の調査した海外観光客の三大嗜好料理は、キムチ、焼肉、ピンデトッだった（一九九二年）。

外国女性を対象にした選好度でみると、トップであった。

料理の特徴とバラエティ

ピンデトッのように、油をひいた上で焼くメニューは、他にもある。煎《ジヨン》という料理がそうである。煎油花《チヨニユフア》とも呼ばれる。魚肉、野菜類をうすく切り、これに衣を着せる。衣の材料は小麦粉と卵黄と混ぜる。焼き上がりは、うす黄色のきれいな色となる。

衣を着せて具材の味を逃がさないのがこの料理の特徴だが、この料理法をくずしているのが多い。とくにネギやニラなどを材料にするとき、衣で包むというよりも、小麦粉の溶いたものと混ぜ合わせておいて、そのまま、油の上で焼いてしまうという方法である。これでは、小麦粉が衣の役割を十分に果たせない。このメニューをも韓国ではチヂミあるいはプチゲ、プチミとも呼ぶ。

このような形になると、日本のお好み焼きを連想する読者もいるのではないか。何年か前に関西のある民放番組で、このお好み焼きのルーツが取り上げられた。いくつかの説が出た。西洋料理の変化したものが京都から出た、という説。もともとあったものが変化した説。筆者がコメントを加えることになったのだが、私は、大阪に多く居住する在日の朝鮮・韓国人の「チヂミ料理」「パジョン」がかかわっているのではないか、という見解を出した。しかし、それを裏付けるものが、今のところ分からないのが実情である。

韓国にいる人からすれば、日本のお好み焼きは、パジョンの変形したものとみてしまう。焼肉店や韓国家庭料理店でチヂミとされているのが、この類である。名称からして正式なものとは言い難いが、すでに、この呼び方は市民権を得てしまっているようである。

一方、調理方法としての「チヂミ」という用語は、意味が少し違うということを補足しておこう。

煮物のことをチヂミと呼ぶのが本来であった。汁気のごく少ない煮付け料理を「チョリム」と呼び、グッグツ煮るチゲ鍋料理（一九三頁）との間の汁気の少しある料理のことを、チヂミと呼ぶのが本当であった。いまでも、そのような水分の少な目の料理を作ることを「チヂダ」としている。したがって本来は、油で焼いたチヂミ料理に少々のスープをかけていただいていたものだったということが分かるのだが、その方法よりも、汁をかけない今のチヂミの方がより生活にあったものとして、定着したのであろう。

サンチュ（チシャ）とサムパプ

包む料理

焼肉をおいしくいただくのに、柔らかい生野菜に包む方法がある。サンチュ（チシャ）がもともと使われていたが、サニーレタスがよく使われるようになった。同じ仲間のものに代わったのである。いずれも脂身の肉を焼いたものにはよく合う。肉と生野菜という組み合わせからいってもバランスのとれた食べ方だ。

焼けてくる肉をそのまま「もりもり」食べるよりも、ときどき漬物や生野菜を口の中に入れれば「口直し」にもなり、肉がますます進むというわけである。肉をしっかり食べて体力をつけようとするときには、もってこいの食べ方だろう。

肉だけでなくご飯も包んで食べる。否、もともとは、この食べ方こそサンチュの利用方法だった。ごく近年に焼肉料理法が身近になって、ご飯を包むべく準備しておいた生野菜のサンチュに焼けた熱い肉をくるんでいただくと便利だったので、この食べ方が定着していったのである。

サンチュとは「生菜《センチエ》」という呼称が変遷したもので、生菜《センチエ》、生《セン》チ、生《セン》チュ、サンチュなどを経過しているようだ。ご飯などを包んでいただく食べ方をサムという。サムとは包むということで、サムパプは包みご飯の意味である。

ところが包むサムという食べ方と、サンチュという野菜名とを混同している人たちが多い。サンチュと呼ばずにサムチュと呼んでしまっているのだが、これは大間違いで、ご飯や肉を「サンチュ」で「サム」するわけである。

白いご飯を生野菜で包んでも、とくに味がついていないので、味は別につけるのだ。生野菜に匙でよそったご飯をのせ、それに「調味料」をつけるわけである。この調味料を「サム醤《ジャン》」と呼ぶ。みそ仕立ての味だが、うま味に辛味、そして甘味が使われていることもある。肉をいただくときには、肉のうま味で十分である。焼肉料理で食事をするとき、この生野菜のサンチュの存在価値はまことに大きいといわねばなるまい。

眠りを誘うサンチュ

朝鮮半島でこの野菜が食べられるようになったのは、古代の三国時代のことである。中国の隋の国に行った高句麗の商人が珍しい野菜を見つけたのである。それを求めようとしたところ、欲しがっているのを見抜いた隋の商人は、べらぼうな値段を吹っかけたらしい。

それでもその種子が欲しかった商人は高い金を払って持ち帰ったという。そこからこの野菜は一名「千金菜」と呼ばれるようになった、ということが『海東繹史』（十九世紀初め）に記録されている。一般には「萵苣《かきょ》」と呼ばれながら、千金菜の別名があったわけである。「千金」をも出してこの菜の種子を求めたのは、当時の朝鮮半島に存在しない菜であったからである。

チシャはキク科の植物で英語ではレタスと呼ばれ、タンポポやシュンギクもその仲間である。現在このチシャの萵苣には種類が多くあるが、きわめて清潔な野菜のイメージと生食に適した柔らかいテクスチャーが特色といえる。緑色から（紫がかった）茶褐色にと幅が広いが、あまり虫に食われない利点を持っているのだ。

ダイコン、白菜、キャベツなどの野菜は栽培中に虫に食われる。いまでこそ農薬の発達で虫にやられずに、きれいな作物として育てることはできるが、むかしはそうではない。もし葉っぱ類が虫に食われて、あちこちと穴が空いているとするなら、見た目にそう気持ちのよいものではなかっただろう。その点、サンチュのチシャは、夜盗虫《ヨトウムシ》などの一部にはやられることがあるが、他の虫はほとんど寄りつかない。発芽直後の幼いのは、ナメクジなどにやられることはあるが、少し生長すると、もう大丈夫である。

虫をつきにくくさせている理由は、葉からにじみ出る乳白色の汁の成分にあるらしい。成分はレタスオピウム、ラクタカリウムと呼ばれるが、種類によってこの乳汁の量が異なってくる。乳汁の多いのがどちらかといえば野生種に近く、栽培種にはそれが少ない。ラクタカリウムの効用として神経の鎮静作用、または催眠、鎮咳作用のあることがよく知られ、漢方薬でも利用されてきた。

とりわけよく知られているのは、チシャのサムでご飯を食べると眠くなるということである。ラクタカリウムが神経を鎮静させ、催眠を促すが、その上食事をすることによる満腹感の相乗作用が、いっそうの催眠効果をもたらし、心地よい眠りを誘うのである。このためサンチュは朝食にはあまり利用されず、昼食、夕食に向くものとされている。

農村では、ちょうどサンチュのとれるときが農作業の多忙なときである。働いたあとの昼食にサンチュサムをしっかりと食べて、昼寝のひとときをぐっすり眠り、また農作業に精を出すというのが、農村地帯の生活の知恵であった。

旬は秋。朝鮮半島の諺《ことわざ》に「秋のサンチュは戸を閉めて食べろ」というのがある。誰にも分からないように、自分たちだけで味わおう、という意味だ。

八月末から九月初めにかけてまいたサンチュが、残暑で発芽、生長すると、秋の清涼な気候の時に、もっとも柔らかく育ってくれる。秋は食欲の季節。さわやかな外気の中で、サンチュサムが最高においしさを発揮してくれることになる。

サンチュにご飯を盛り、それに調味料のサムジャンをつけて食べるのが普遍的な方法で、サムジャンにはコチュジャン（トウガラシみそ）がよく使われる。このことからやはり諺には「サンチュにはコチュジャンが抜けてなるものか」といわれてきた。サンチュとコチュジャンとは切っても切れない関係であることを意味し、そのような関係にある事象をたとえる言葉に、よくこの諺は引用される。

ご飯などを包むサム料理にはエゴマ（荏胡麻）の葉やカボチャの葉、大豆葉もまたよく使われる。シソ科の植物で青シソとほとんど見分けがつかないのが、エゴマである。青シソより葉がしっかりして、香りが強いのが特徴だ。最近これを焼肉店で食べさせてくれるところが、見受けられるようになってきた。

韓国・朝鮮食品材料を扱っているところでなら、生の葉をそのまま売っているし、みそ・しょうゆに漬けた「醬《チャン》アチ」も求められる。生葉に焼肉をくるめばエゴマの香りが際だち、肉の味わいをいっそう楽しいものにしてくれる。

ちなみにエゴマには生食することで、肉類の焦げたところからつくられる発癌性物質を抑えてくれる効果のあることが確認されている。焼肉料理にぴったりの生食野菜といえようか。

カボチャの幼葉は白い「すじ」の部分を引き取り、軽くゆでるとトゲがなくなる。この葉でご飯を包むサム料理も格別な味わいである。蒸すと柔らかすぎるので、焼肉を包むのには適さない。

夏の盛りの頃の大豆葉の少し上の方の柔らかいところも、蒸せばサム料理に合ってよい。

焼肉店で、これらのサム料理に出合うことはないだろうが、家庭料理店では食べさせてくれるところがあるようだ。

ナムル料理

大豆もやしの力

焼肉店のメニューで欠かせないのに、野菜の和えもの料理のナムルがある。肉を食べながら、ちょっと口直しをしたいときに、このナムルの味が生きてくる。軽い塩味にゴマ油の持つおいしさと特有の香りが、このメニューの特徴である。

汁気たっぷりの大豆もやしに、少し弾力のあるゼンマイのあのテクスチャー。ホウレン草など青菜類の柔らかさ。ナムル料理の材料はこれらに限られるわけではないが、一般に多く見られるのが、この大豆もやし、ゼンマイ、ホウレン草なのである。

さて、ナムルには意味が二つある。ごく一般には野菜類の和えもの料理のことを指す。もう一つは料理される以前の、可食性の野菜類を総称するときにも使われる。例えば、「山菜採りに行こう」というときは「ナムル採りに行こう」という。このナムルの語源は「羅物」。「羅」とは国家という意味で、そこにある自然の「物」というところからきたとされる。

朝鮮・韓国料理の野菜には大豆のもやしがよく使われる。和えものだけではなく、スープの具としても、ピビンパプ（二〇八頁）クッパプ（二一四頁）にも使われる重宝な野菜なのだ。

乾燥の大豆に水を与えて発芽させたのがもやしであるが、発芽してもやしになったときの食品価値は、乾燥豆と大いに違ってくるのだ。

乾燥豆が野菜に「変身」すると栄養成分が質的に変わってしまう。つまりもやしは野菜としての特徴を持つことになる。

冬の厳しい季節に手に入りにくい野菜を作るために、種子類に水と温度を与えて発芽、発根させてもやしをつくったのである。しかも土も太陽も必要とせず野菜を家の中で「栽培」するということを考えついたのだ。ダイコンの種子を発芽させるカイワレダイコンも、これと同じ原理でつくられた野菜のひとつである。大豆もやしにはナムル（野菜）を得るための知恵が込められている。

乾燥大豆が水を吸ってもやしとして生長すると、豆に多かったタンパク質、脂質、可溶性窒素の含有量は減少し、食物繊維やビタミンの含有量が増加していく。つまり栄養成分の「変身」が見られるのである。

例えば乾燥大豆には全くなかったビタミンCが新しくできてくる。またビタミンB_1は含有量が二・五倍ほど、ビタミンB_2、ナイアシンは三・〇倍ほど増加する。ビタミンAやカロチンは殆どなかったものが、いっきに大量に生産されることになる。

もやしは一般の野菜が持っている以上の価値をつくり上げる立派な食材になってしまう。しかし、もやしは単なる食品として利用されただけではなかった。実は「薬」でもあったのである。

高麗時代の高宗王（一二一三〜五九年）の時に書かれた『郷薬救急方』を見ると、当時は食品というよりも薬として利用していたようで、大豆が発芽すると陽でよく乾燥させて、それを薬用としている。「大豆黄巻」と表しているが、これがもやしの最初の記述である。また『東医宝鑑』（一六一三年）にも薬としての大豆黄巻が出てくる。

それによると、もやしは、性質は平で味が甘く、毒性はないので、持続して用いれば浮腫や筋肉痛がとれる、としている。また低血圧の人にはもやしを食べるのがよいとも言い伝えられてきている。

一九八〇年代に大豆もやしの成分を研究していたソウル大学の医学部では、もやしの茎の成分から、二日酔いに効くものを確認して取り出しに成功した（アスパラギン酸など）。これはすでに商品化されドリンク剤となって市販されるに至っている。この研究のヒントは、酒を飲んだ翌朝の酔い覚ましに、もやしスープが効くとして広く利用されていたことにある。焼肉を食べながらナムルをいただく。大抵はアルコールが伴っているだろう。そのときの酒の健康への影響を少しでも小さくしてくれるというわけである。このような価値ある野菜をナムルの形にして積極的に摂っているところに、食の文化としての知恵がみられるのだ。

ワラビ、ゼンマイ料理で「身を慎む」

ナムル料理に欠かせないのが、このワラビ、ゼンマイで、昨今はゼンマイが多いようだ。これは殆どが輸入品である。両者の食品一般成分には大きな差異はない。だが注意しなければならないのは、ビタミンB_1を壊すアノイリナーゼ（またはチアミナーゼ）という酵素があることであろう。

普通、酵素というものは熱に弱く、ゆでたり、煮たりすると効力がなくなるのだが、このワラビ、ゼンマイのアノイリナーゼは耐熱性を有しており、加熱で簡単に壊れない。普通の加熱では五〇％くらいが残っているのだ。そのために生のワラビ、ゼンマイには、十分に加熱処理されることが望ましいが、昨今の輸入もののワラビ、ゼンマイには、この処理が十分に行われているか、疑わしいのが現状だろう。

ビタミンB_1分解酵素が壊れないで、残っていると、他の食事から摂られたビタミンB_1

がやられてB_1不足症になる。体がだるく神経痛のような症状が出てくる。ひどいのは「脚気」である。

逆にこのB_1不足症を利用した生活の知恵が、ワラビ、ゼンマイ料理でもあった。というのも、喪に服する人、謹慎の身にある人、非妻帯者、単身赴任者、そして寺院の僧侶たちは、これを食べるとよいとされたのである。いわば、「身を慎む」、「精力」を落とす必要のある人たちが、ワラビ、ゼンマイ料理を利用したわけである。実際、毎日食べ続けると確実に活力がなくなり、如何にも元気のない様子になってしまう。

といっても、ワラビ、ゼンマイは食物繊維も多いので、決してマイナスばかりの食品ではない。ワラビ、ゼンマイの食品価値を知った上でうまく利用したいものである。

ムッ

ムッの食べ方

焼肉店でムッというメニューにお目にかかることが多くなった。もちろん韓国家庭料理店では大抵のところが置いている。韓国料理材料を売っている店でも、扱っているところが多く、家に持ち帰って味わうこともできる。

いま韓国に旅行する日本の観光客の中で、女性とくに若い人に人気の食べものだそうだが、これはれっきとした朝鮮半島の伝統食品なのだ。

ムッとはそば粉、緑豆粉、どんぐり（かしの実など）粉のデンプン質を固めたもので、柔らかく、味も淡泊で食べやすい。固め方にもよるが、プリンを少し硬くしたようなテクスチャーか、絹ごし豆腐の歯触りといえようか。焼肉をおいしくいただいたあとに、ご飯よりも軽く何かを食べようと思ったとき、これに勝るものはないだろう。お腹にもたれないで、むかしから老人、女性、幼児が好きな食べものである。

一般にはそば粉からのムッが多いが、灰白色の角切りのムッにしょうゆとゴマ油、刻みネギ、ニンニクなどのタレをつけていただくと、柔らかさ、冷たいさわやかさがタレ味と相まって何ともいえないおいしさである。

焼肉店や材料店で見られるムッは、そば粉を主体にしてつくられたメミルムッと呼ばれるものである。メミルとはそばのことである。緑豆粉を材料にしてもつくられるが、青みがかった色合いになる事から「青泡《チヨンポ》」と呼ばれる。土俗的というか庶民的なのがトトリムッと呼ばれるもので、どんぐりやかしの実など、木の実を粉にしたものからつくられる。

元来このトトリムッは食糧不足を補うための救荒食品だった。褐色のトトリムッはいまでこそ商品となって韓国の市場では、よく知られる食べものだが、むかしは、野山で拾ってきた木の実から家庭で手作りしたものだったのである。今でも韓国や北朝鮮では、秋になればどんぐりの実を拾い集めるのに精を出すし、それを加工して手軽にムッはつくられている。

蕩平菜の話

「ムッ」という語にはどんな意味があるのだろうか。漢字で当てられるのは「纆（ムッ）」で、「まとめる」というような意味といえようか。

一八七〇年頃に出た『名物紀略』（黄泌秀撰）には、「緑豆の粉を炊きつめたものを〝索《サツ》〟というが、俗に索のことを〝纆《ムツ》〟ともいう。纆とは意味をこじつけたものである」としている。また『事類博解』（一八八五年）には、ムッを豆腐のひとつと見たようで、「緑豆腐」と記されている。緑豆粉からつくった青泡のことを指したものだろう。『京都雑誌』（十八世紀末）や十九世紀の各種の書には、このムッを使った蕩平菜《タンピョンチエ》という料理が出てくる。

「緑豆のムッを細かく切り、豚肉、芹、海苔と酢醬油を混ぜて和え、さわやかな春の夕べに食べるべくつくるのを蕩平菜という」（『東国歳時記』、一八四九年）とある。

今もこの料理は韓国ではつくられ食べられているが、では、何故このようにムッを細切りして肉類、野菜類と和えたものを「蕩平菜」というのだろうか。これには由来がある。

十八世紀始め、宋寅明《ソンイミヨン》（一六八九～一七四六年）という人が若い頃ソウルの市場を通り過ぎながら、この蕩平菜料理が売られているのを見た。その時は蕩平菜とは言わず、「骨董菜《コルトウンチエ》」と呼ばれていた。いま韓国で雑菜《チヤプチエ》と呼ばれている春雨料理のひとつである。彼は売り子の口上にある「いろいろと等しく混ぜ合わせておいしい」を聞いてはたと思いつくことがあったのだ。

ときは李朝期二十一代英祖王の頃、政権内では両班《ヤンバン》の権力争いが激化し、まとまりがつかない状況が続いていた。それをどのように解決すべきかに腐心していたのが、宋寅明自身であった。機知と精力に長《た》けた文臣の彼が考えたのが公平論であった。

老少間の意見の相違、グループ間の考えの違いなどを不偏の立場でそれぞれ良いところを取り入れようというのである。そこで各グループの代表者を集めて公平な話し合いで妥協が成立する。この公平論が蕩平論と呼ばれていた。そしてこの話し合いの場に出された食事メニューに、ムッと野菜を和えて市場で骨董菜と呼んで売られている料理が出されたのである。

宋寅明がこの料理を指して、黄色のムッ、赤い豚肉、緑の芹、黒の海苔の四色を混ぜたムッがおいしいのは、それぞれが大切な役割を果たしているからだと熱心に説得して、共感を得た。以来、この骨董菜が蕩平菜（四色論）と呼ばれるようになったのだという。

今でもこの由来にあやかって、話し合いをする場だとか、意見を調整する席の料理には、縁起の良いこの蕩平菜が出されることがある。

高知のかし豆腐とムッ

日本にこのムッがある。かしの実でつくる朝鮮半島のトトリムッそのものである。

四国の高知市やその周辺では、十一月から三月にかけて、日曜日の朝市などではつい数年前までは売られていた。現地では「かし豆腐」「かしん豆腐」と呼ばれるこの食べものがつくられるようになったのは、十七世紀初めの頃からである。高知県立図書館には『皆山集』という資料があり、次のようなことが確認できる。

それによれば、豊臣秀吉が朝鮮侵略した一五九二（文禄元）年、四国の土佐からは長《ちよう》宗我部元親《そかべもとちか》が出兵した。朝鮮に上陸した長宗我部との戦いに敗れた朝鮮側の将であった朴好仁《パクホイン》は、一族郎党二百数十名を連れて、土佐にやってきた。約束事があったらしく、彼らには「唐人町」という住居街があてがわれ、そこで豆腐づくり専門の「豆腐座」が設けられる。どうやらこの地域には大豆でつくる豆腐は、未だ知られていなかったようだ。

朴好仁には高知に来たとき十二歳になる息子の朴元赫《パクウオニヨツ》がいた。彼は秋月の姓を得て長次郎と名乗り、後に秋月長左衛門となる。

やがて、唐人町で生活することになった人たちに約束事が守られない事態が生じる。凶作が続いて食糧の保証がなされなかったのだ。怒った朴好仁は朝鮮から来るときの立会人だった芸州（広島）の福島正則のところへ行って、その不満を訴え、そのまま土佐には戻らず、やがて朝鮮からの通信使が来たときに一行と共に故郷へ還っていった。

徳川の幕藩体制下で土佐藩主には、あの山内一豊が封ぜられ、唐人町秋月家とは厚遇の約束を交わした。豆腐座は唐人町の秋月家六十八戸以外は増設を許さずとし、これは幕末まで続いた。

土佐の高知には田舎豆腐と呼んだ硬い豆腐がある。硬さが半端でない。正方形の豆腐にぐさりと棒を横刺しにして、そのまま持ち上げることが出来る。むかしは縄にくくって持ち運んだという。これは豆腐座の作り方、すなわち朝鮮式の方法が、そのまま引き継がれてきたからなのである。

さて、この豆腐座では、どうやら、かしの実でつくったムッも売られていたようなのだ。温暖なこの地方には豊富なかしの実つまりトトリが多い。これに目をつけ、朝鮮の生活で日常的につくっていたトトリムッをつくって食べ、そして売ったのは、きわめて自然な成り行きだったろう。豆腐座で売られ、つくり方も形状も豆腐と同じであることから「かし豆腐」と名付けられたとみてよい。

このかし豆腐のトトリムッ、土佐料理店でも食べられたし、日曜市でも売られていたが、ここ数年減ってきていると聞いている。朝鮮半島と日本列島の食文化交流の生き証人、かし豆腐をつくり続けてほしいと思っている。

ちなみに、九州の熊本県と宮崎県の境の山村にも、この食べものがあり、数年前に調査に出向いた。資料類が皆無だったので、朝鮮との関係については分からなかった。

コラム　本格焼肉料理では、なぜ器が金属製なのか

むかしから上層階級の人たちは金属食器を使っていました。高麗時代には銅食器、李朝時代は真鍮が主流でした。時代が下るにつれ、庶民の中にもそれを使いたいという高級志向が出始め、金属食器が普及するようになったのです。

高級なものには、銀製のものがあります。これは昔の王様が用いていたものですが、食べものに毒が入っているかどうかを検知するのに役立ったといわれています。毒が入っていれば、銀食器は変色するからです。宮廷では毒見役の女性がいたのですが、銀食器はその一端を担っていたといえましょう。今は、庶民でも用いますが、贈りものなどに利用されます。

金属食器には、「一生もの」という意味が込められ、例えば女性が嫁ぐときには、夫のために金属の匙と箸を持っていきました。一生添い遂げますという意思が象徴されているわけです。ですから、かつては真鍮の食器の錆取りは台所を預かる女性の大切な仕事でした。普段、使うことのない冠婚葬祭用の貴重な食器を使うときなどは、女性たち総出で錆取りをしたものです。

かつて金属食器を使うことを許されたのは男性のみで、女性は磁器しか使えませんでした。また、妻は夕食が遅くなった家長のために、金属の蓋がついた大きな食器を布団の中にいれて保温しておいたものでした。男尊女卑の文化といってしまえばそれまでですが、家長を敬う気持ちも、そんな慣習に表れていたと言えるのではないでしょうか。

スープと鍋

국, 찌개, 전골

ワカメスープ

ワカメスープは「子育てスープ」

焼肉店の特徴にスープの種類が多いのを上げることができるだろう。少なくとも和食との比較では、そうである。

それは朝鮮半島の食事法が、匙《さじ》を主に用い、箸《はし》は脇役の匙文化だからである。スープの種類が多いだけではなく、そのボリュームがまた多い。現在焼肉店ではボリュームは減らされているので目立たないかもしれないが、それは「日本化」させた結果として少量化したものとみてよい。本来は大型のどんぶりに、たっぷりの具とスープの入ったものだった。

どこの焼肉店でもメニューにワカメスープのないところは、先ずないだろう。焼肉店の「代表スープ」といってもよい。ミヨックッと呼ぶ。ミヨッはワカメ、クッとはスープのこと。

めずらしくもない材料のワカメスープが、なぜそのような位置づけになったのだろうか。

それは、朝鮮半島の古くからの生活文化がそこに反映されているからである。朝鮮では古くから妊産婦の食事にワカメスープは欠かせないものとされ、誕生日にもこのメニューは必ず準備されるものだった。

母親が子供を立派に産んで育てるのには、ワカメスープをいただくことだという風習が、朝鮮全土に根づいていた。昨今は食生活事情が変わったのでむかしほどではないが、ワカメスープを「子育てスープ」と受けとめている傾向は未だ強い。

親しい友人同士の冗談で「あんな出来のよくない野郎でも、母親はワカメスープを食べたのだろうか」とか、「この野郎の一人前でないところをみると、きっと母親がワカメスープを食べなかったんだろう」というような言葉が交わされることもあった。

筆者の母親は八十三歳でなくなったが、三十五歳の時に四男坊の私を産んだ。昭和八年の八月の暑いとき、京都の宇治であった。夕刻に産気づいた母親は産婆（いまの助産師を当時はこう呼んだ）さんの手を借りず、自分で産んだのである。へその緒を自分で切り、這《は》うようにして台所へ出て母が最初にしたことは、赤ちゃんのために湯を沸かし、竈《かまど》の鍋でワカメスープをつくることだったという。このときの無理があとあとまで腹部の痛みとして尾を引いたと、よくこぼされたことを今でも思い出す。それほど朝鮮の母親にとってはワカメスープというのは、信仰に近い「子育てスープ」だったわけである。しかし、これは決して迷信でもなければ、非科学的な単なる慣習でもない。現代の栄養学からみても、まことに理にかなったすばらしい知恵であり、立派な生活文化なのである。

母乳には赤ちゃんが生育するのに必要なすべての栄養成分が含まれていなければいけない。とくに骨づくりに必要なカルシウム、リンなどは母親が食事から十分摂らねばならならない。ワカメにはこの無機質のカルシウム、リン、ナトリウムなどが多く含まれていいのだ。カルシウムは海藻類中でトップの座を占めるくらいの含有量だ。これをスープに入れて産婦は毎食のように食べることになる。スープを残そうものなら姑《しゅうとめ》に文句を言われることがあるくらい、一種「義務」にさえなっていたので、先ほどの冗談言葉なども飛び出したのだった。

今は韓国でも日本でも妊娠すれば、病院でチェックを受けながら、食事法などの栄養指導を受けて、カルシウムも、牛乳などがあるので不足するようなことは先ずないが、そうでなかった時代には、このワカメスープが非常に大切なメニューだったわけである。

そんなわけで昔は嫁に赤ちゃんができたとなると、生まれる前からワカメを仕入れて、出産に備えたワカメ干しの風景が山村で見られたという。それは近所の人にはお目出たが近づいたことのシグナルにもなったという。

ワカメスープはお産の時だけではなく、地域によっては少し異なるが、誕生日のスープでもあった。人間の成長の節目に当たる食べものとされていることにも、生活の中でのワカメの位置づけがよく分かる。

このような信仰に近いワカメスープへの傾倒と、伝統的な生活文化をひとつの慣習としている、在日の朝鮮・韓国人の中から生まれたのが、焼肉店のワカメスープメニューなのである。

いま焼肉店で出されるスープのワカメの具は家庭料理のものに比べるとワカメが浮いている感じで少ない。器の上に盛り上がるくらい多かったのが、むかし家庭で食べたワカメスープだった。

生活文化に根づいた一品

三方を海に囲まれた朝鮮半島では古くから海藻は利用されたし、貴重な食材であった。十一世紀の高麗時代の王朝記録である『世宗実録』によると、王家に男子が出生すると必ず塩を煮つめる釜（塩盆）と、魚をとる道具の魚梁《オリヤン》を与えることが慣わしになっていたし、海藻類をとるための海岸の一定地域の「藿田《クワッチヨン》」を財産として与えたことが記録されている。この藿田では主としてワカメや海苔が採取されていたようで、高麗のワカメは上質だとされたらしく「元」の国の皇太后の献上品中にも記録されている。

これより以前の八世紀の記録では、新羅《しらぎ》の人が腰に縄ひもを巻き付けて海にもぐり、海藻類を採っていたことが記録されているが、これは昆布であったろうと推測されている。またこの昆布類が中国など海外への贈り物になっていた記録が多い。古くから朝鮮半島の生活文化として海藻類は重宝な存在であったわけである。

ところで筆者は一九八〇年の秋に、中央アジアのシルクロード、当時のソ連、いまのウズベキスタン共和国のタシケント、ブハラ、サマルカンドへ旅行したことがある。この地域には朝鮮族が二十万くらい居住していた。一九三〇年代にスターリンによって沿海州地域から強制移住させられた人々の子孫たちである。

各地でバザールの食品売り場を主としてのぞいてみてまわった。市場には朝鮮族が商品を出している。そのコーナーには朝鮮半島の食卓に上るものは何でもあった。キムチ、トウガラシ、ナムル、麵類、餅、そして何とワカメと昆布まで並んでいたのである。

海から離れること飛行機で十数時間の中央アジアのど真ん中に海藻を見つけたとき、食文化の「偉大」さを見せつけられた感がした。これを買い求めるのは朝鮮人だけだということだった。どこから運ばれるのかと聞いたら「サハリン（旧樺太《からふと》）」ということだった。

これより十年後の一九九〇年にも同じくソ連時代のハバロフスク地方に三週間ほど行

って調査したことがある。その地方に居住する朝鮮族の家庭内での食事情がどうなっているか、聞き取りの対象としたのである。

調べたすべてを取り上げることはできないが、ソ連（いまのロシア）に住み着いて三代目、四代目になっている人たちが、未だに朝鮮半島の伝統的食生活を変形はしているが引き継いでいるということが、よく分かった。「子育てスープ」のワカメのことについては、今でも出産すれば必ず食べるということであった。

意外な話があった。出産のために入院して無事赤ちゃんを産んだ。喜んだ姑がワカメスープをつくって、病院へ鍋ごと差し入れに行ったところ、ロシア人の看護師が、栄養素たっぷりのワカメスープを、海藻は産婦には「毒」であるといって捨ててしまったというのである。

食文化の違いと、無知による馬鹿らしさを改めて思い知ったエピソードであった。

ユッケジャンとテグタン

ユッケジャンのルーツは？

肉のスープにもいくつかある。一般に多くみられるメニューはユッケジャンである。焼肉を食べて、どうしてまた肉のスープなのか、と思われるかもしれないが、辛味でこくのあるスープは白いご飯に合うのである。肉を焼かないで軽く食事というときに、ご飯と合うスープとなれば、この肉類のスープにかなうものはないだろう。

ユッケとは肉、ケジャンのケは狗《いぬ》のことで、狗肉スープを意味するが、ユッケジャンは決して狗肉スープのことではない。牛肉をしょうゆ味で柔らかくなるまで煮て、ネギ、ニンニク、香辛料で味つけしたものだ。ではなぜ狗《ケ》の字が入っているのだろうか。

もともと、狗肉スープは朝鮮半島ではよく食べられてきたのだが、仏教が盛んになるにつれ、信仰上の理由から、これを食べることに抵抗を覚える人も多くなった。いまでも韓国では、女性はもちろん男性でも食べない人は多い。女性と子どもは身が穢《けが》れるというのが主な理由である。

肉のスープはおいしいのだが狗の材料はごめんだ、ということで、牛肉を同じような料理方法でスープにするようになった。これが、ユッケジャンというわけだ。ケジャンとはいうが肉のユッは牛肉なのだよという意味である。

つまり、ケジャンという料理と名称が先にあって、それに「肉」という字を冠して、ユッケジャンという言葉が生まれたと考えてよいだろう。

このメニューを考えたのは李朝の宮廷料理人だといわれている。飲んでおいしくて体に良いとされるスープであっても、狗肉のスープを高貴な王が食べるわけにはいかない。それと同じようなスープを牛肉でつくろうということで、このユッケジャンスープが生まれたのである。

このスープには骨などは入れないが、一方、肉のかたまりを骨などと共にゆっくり煮込み、もやし、ワラビ、ネギ、香辛料、ゴマ油で煮上げたものが慶尚北道《キョンサンブクト》の大邱《テグ》地方にある。これは大邱湯《テグタン》と呼ばれている。

同じ牛肉のスープでも、このように二つのタイプがある。

前者はソウル中心の肉のスープ、後者は古代新羅の都の慶州《キョンジュ》に近い大邱地方のスープとして対比することも出来る。

ところが日本での焼肉店では、これらの特徴の違いをふまえて、肉狗醤《ユッケジャン》がつくられているようではない。牛肉が材料であれば、切り方とか、骨からだしを取ったとかに関係なく、牛肉をよく煮て野菜があって香辛料の利いたものならユッケジャンと呼んでいるようだ。

ところが韓国から来た人の中には、牛肉スープを欲しいときに大邱湯と呼ぶ方が結構いらっしゃる。とくに大邱地方の呼び方に慣れた人はそうで、牛肉スープを注文するときにユッケジャンとはいわずにテグタンとするわけである。ところが日本の焼肉店メニューにはユッケジャンはあってもテグタンはないことが多い。テグタンとユッケジャンは少々つくり方が違うが、同じ牛肉のスープで辛いものだとは知らない場合がほとんどなのだ。これが在日の人たちの実情である。日本人なら尚更のことであろう。

大口湯

ところが、実はややこしいことに、大口湯《テグタン》というもう一つのスープメニューがあるのである。

大口とは魚の真鱈《まだら》のことである。大きな口をしているところからつけられた名のようだ。この魚を用いて、米のとぎ汁にコチュジャン、みそを合わせてスープに仕上げる。

ところがこれにダイコン、牛肉、ネギも加えられるのが普通なのだ。しかし、これはれっきとした魚のスープなのである。

朝鮮半島では大口魚《テグオ》の真鱈がよくとれた。近年は漁獲量がめっきり減ってしまって貴重な存在になってしまっている。

朝鮮近海には二種の真鱈がいて、半島の東側の東海（日本海）には大型の大口魚、西側の西海（黄海）には小型の大口魚ということになっている。

こうしたことから海に接した地域では昔から、これを利用した各種料理法があった。例えば釜山《プサン》に近い鎮海《チネ》地方では、卵を持った大口魚をよく乾燥させたものを「薬大口《ヤッテグ》」と呼んでいた。この薬大口の卵は別に取り出して貴重な食品として利用したし、魚体の干物は、薬湯スープとして身を補うためにいただく「栄養食品」であった。

生の大口魚はスープにもよく使われたし、焼き魚にもなった。またこの生の膾（さしみ）料理の味は「天下一品」と称されるほどの美味だという。さらにこの真鱈の内臓は塩辛として格別においしいものだ（二七〇頁）。肝はビタミンDなどが多く、昔はスケトウダラの内臓と共に肝油の材料になったことを知る方も多いだろう。

この魚の特徴は脂身の少ないことである。脂質を多く持っていない白身の魚なので味があっさりしており、干物にするにも脂質の酸化という現象を免れることが出来る。

こうしたことから、この魚は朝鮮半島の一昔前の生活の中では大切な位置を占めていた。

冬、生の膾はこのシーズンの料理になり、干物は保存して冠婚葬祭時に使われる大切な材料となった。海に接した地方、とくに東海岸側の地域にこの大口魚のスープ、大口湯はよくつくられたし、宮廷料理の代表的なスープになっていた。しかし季節料理という範囲は出ず、外食産業の一品メニューにはみられるものではなかった。

近年、日本でも真鱈が一尾丸ごと売られているのを見かけることはまず難しい。まして、焼肉店の関係者で、真鱈のことを大口と呼ぶことを知っている人は極めて少ない。そんなところで、「テグタン」という注文を受けると困ってしまうのである。

現実に筆者が焼肉店で食事をしているときに、韓国からの人たちがテグタンを注文される場に居合わせた経験がある。ホールの人も厨房の人も、意味が分からなかったようだったが、たまたま私が説明できたので、結局ユッケジャンの注文を受けるということになった。

肉狗醬《ユッケジャン》、大邱湯《テグタン》、大口湯《テグタン》、この三者は紛らわしいメニューではある。

コムタンとソルロンタン

大抵の焼肉店には肉のスープとして、「テールスープ」がある。テールとは牛の尻尾で、骨とそれについた肉を時間をかけて煮込んでスープに仕上げるものである。味は塩と胡椒などの香辛料を使いトウガラシは原則として用いないが、使うところもある。店によっては「コムタン」とも呼んでいる。これがオリジナルのメニュー名であるが、よく似た肉のスープにソルロンタンというのがあって、区別がはっきりなされてないところもある。

本来はコムタンはコムクッと呼ばれ、ソルロンタンとはちゃんと区別されていた。「コムクッは牛のすね、テール、肺、胃、腸をかたまりごと煮込み、半ば煮えたところでダイコンとネギを入れて再び煮る。十分柔らかくなったところで、肉とダイコンを取り出して、小さく切り、熱い汁にもどして、胡椒とネギを加える」ものだった。

これに対し「ソルロンタンは牛肉や内臓など牛のすべての部分の切れはしを、骨のついたまま一日ほど煮込む、ソウル地方の名物料理」なのである。

長い時間をかけて煮込むスープであることが共通しており、煮出された汁はひときわ白濁しているのが特徴である。

焼肉店でいただくテールスープ、コムタンも白く濁っているはずである。

ソルロンタン屋の「のれん」

ところがコムクッは本来は濁ったスープではなく、昆布、ダイコンをたっぷり使い、肉と共に煮込んだ澄んだスープであった。

どういうわけかこの方法が消えて、ダイコンや昆布を入れずに、肉類だけをじっくり煮込んで濁るタイプのスープに変わったのである。これは戦後の日本の統治解放後が節目だとされている。戦後の食糧不足のなか、食べられるだけでも結構だということで料理作りに手抜きが生じたためとされているが、やがてコムタン専門店では、腸などを主として煮るために脂っこくなった濁ったスープを土鍋に盛り、それに大きな骨をひとつずつ入れて出すというのがマニュアルのようになっていく。ソウルのソルロンタンに近づくわけである。

ソウルでよく知られるソルロンタンは、ソウル固有の方法で作り上げられた牛のコムクッつまりコムタンである。特徴は肉を切り分けずに大きな塊を丸ごと煮込むという方法なのである。

今はむかし、名の通ったソルロンタン専門店がソウルにいくつかあった。里門屋、大昌屋、寺洞屋、梨南屋、大成館などと呼ばれたのがそれである。

それらのソルロンタン屋の構造は、店に入ると、あちこちに塩、胡椒、トウガラシ、ネギなどの入った容器が置いてあって、スープは客の目の前で作った。

ご飯を土鍋によそい、熱い汁をかけたあと、白麵をひと玉のせる。その上から肉の具をのせるのだが、客の注文に従って、牛の舌、睾丸、ペニス、尻肉なども盛られ、さらにスープがまたかけられる、という方法だった。

その頃のソルロンタン屋では、牛一頭を手に入れると、皮と汚物だけを除き、残りの丸ごとを大きな釜に入れ、早朝から翌日の明け方まで煮込んだ。そのため午前一時頃のスープが濃くておいしいとされ、常連客はその時間帯に集まったといわれている。米のとぎ汁で煮込む今日のソルロンタンとは味が大いにちがったのは、方法がちがうからである。

そのようなことから、ソルロンタン屋の「のれん」がわりに、白っぽい濁りスープがグツグツと煮えたぎる釜の横に、真っ赤な血の付いた牛の頭が置いてあったのである。

ソルロンタンの由来

このメニュー名の由来については、いくつかの説がある。

ソルロンタンという発音から、それに当てられる漢字名がいろいろ出てくるわけだが、現在使われているのは「雪濃湯《ソルロンタン》」がもっともポピュラーになっている。これはスープの特徴をよく表していよう。白く濁ったスープを「白い雪の濃いスープ」ととらえた表現だからである。

ところが、これは当て字で、もとは「先農湯《ソンノンタン》」の変化したものだという。その根拠はこうである。

李王朝のころ、毎年二月になると王が今の祭基洞（ソウル）にあった先農壇に行く。先農壇は一年の農業が無事に終えることを天に祈るための場所であり、その年の五穀豊穣を祈るための行事が行われるのが通例であった。

そこでは、生米と生黍《きび》、そして牛と豚は生きたままのものを供えることになっている。供えものをしてから壇の前にある田が耕される。

この行事が終わると準備された大釜で米と黍で飯を炊いた。この料理はその行事に来ていた農夫と見物人の中から六十歳以上の老人たちにふるまわれるもので神に供えるものではない。牛はさばいてスープにし、豚はゆでて切り分けた。何せ屋外での畜肉料理だから、ごく大雑把で単純な調理法にならざるを得なかっただろう。ご飯は土鍋に盛った。おかずは何もないので、畑のネギを洗って用い、しょうゆもないので塩だけで味つけしたスープを土鍋に出したという。こうして先農壇でつくったスープだから、「先農湯」と呼んだのだが、それがソルロンタンになり、ネギと塩を用いるのが通例になったというのである。

ソウル式ソルロンタン屋が牛一頭の皮と汚物を除いて、丸ごとを一日かけて煮込む方法は、先農壇での話につながる要素は大きい。

古代から朝鮮半島では農業の神をまつる先農祭・中農祭・後農祭というがあった。この内、先農祭だけが大韓帝国末まで残った。現在もソウルにある典農洞に先農壇はあった。行事は啓蟄《けいちつ》後はじめての亥の日、丑時に臣下率いて神農に祭祀を上げ、祭祀に使ったいけにえの牛のスープを分けて食べるならわしが続いていたのである。

一方では、蒙古語由来の料理名だという考え方もある。

高麗末の十四世紀に元つまり蒙古の支配下で遊牧肉食民族の影響を受けたのだが、モンゴル人の肉料理法は真水で、単純に煮ることが多い。

『訳語類解』（一六八二年）には「空湯（肉汁）→クンタン」とあり、「清国シルロ、蒙古シュルル、倭国シシミズ」とある。倭《にほん》では「肉水《シシミズ》」と呼んだことに興味がわく。

ちょっと理屈っぽく難しいかもしれないが、ここで出てくる空湯（コンタン・クンタン）が、現在コムタンと呼ばれている、語源ではないかと考えられること。さらに、シュルル・シュロがソルロンタンという語をもたらしたのではないかということである。この後者の話が先にあった上に、空湯なりシュルとすでに呼び慣わされていた料理が後世に先農壇でふるまわれたので、「先農《ソンノン》」「説農《ソルロン》」などの漢字の意味を付け加えたのではないかというのが蒙古語由来説である。

この考え方に説得力があるのは、現在の朝鮮半島の肉料理が、焼肉法をはじめ蒙古の食文化の影響を大いに受けているという事実であろう。このコムタンなりソルロンタンは塩味で単調な料理法で、みそ、しょうゆのような発酵調味料を用いない点でも、遊牧民族の食文化そのものと考えられるのである。

焼肉店でいただくコムタンの白くて脂がのったおいしそうなスープには、このような奥深い話が隠されているのである。

おいしいスープとは、よく煮込まれた肉が簡単にほぐれること。そしてそれに軽く塩、胡椒をふって味わえば十分である。

参鶏湯（サムゲタン）

参鶏湯は日本で有名になりつつある韓国料理の代表であろう。韓国へのパックツアーのグルメメニューの中に焼肉のカルビ、石焼きピビンパプ、そして、この薬膳メニューとしての参鶏湯がよく取り上げられている。

韓国からの缶詰パックなどの輸入品も出回っており、日本国内での生産品もあるが、焼肉店でこれを出しているところも見かけられるようになった。焼肉店の参鶏湯メニューに二通りあって、輸入品か商品になったものに少し手を加えて調整してメニュー化したものと、店舗で独自にメニュー化したものとがある。

つくるのに手間がかかるので、大抵は購入した商品をメニューにしているとみられる。

さてこの薬膳メニューの内容は、雛鶏、高麗人参、棗《なつめ》、ニンニク、糯米《もちごめ》などが用いられる。本格的な参鶏湯には他の漢方材も少し用いられるが、とくに黄耆《オウギ》（キバナオウギの根）などがよく知られている。

現実に商品化されて出回っているものには、高麗人参、棗、ニンニク、糯米くらいが精一杯というところである。高麗人参もちゃんとした六年根（六年育てたもので、薬効成分が多いとされる）が使われることは皆無で、一年根であったり、髭人参（くずもの）、人参片であったりすることがほとんどである。人参が高価なので価格設定上、仕方ないともいえる。

値段が高くて本格的な参鶏湯だといわれたときには、材料の鶏が雛鶏で、漢方材がしっかりしたものだと受けとめてよい。

原型は咸鏡道の季節料理

この料理の歴史はそう古いものではなさそうである。

鶏肉料理の絶品と記録した『飲食知味方《ウムシクチミバン》』（一六七〇年頃）には、「鶏は肉がくずれるほど煮込み、肉を具に用いる」としている。くずれるほど煮込む方法が参鶏湯と共通しているだけである。この料理には名称が出ていない。

参鶏湯の原型とおぼしきものは、『山林経済』（一七一五年）などに「七香鶏」という料理名でみられる。

「肥えた雌の親鶏の内臓を抜いてよく洗う。ゆでた桔梗《ききょう》の根一本、生姜《しょうが》四〜五片、ネギと山椒をひとつまみ、しょうゆとゴマ油大さじ一杯、酢半杯など七種の調味料を鶏の中に詰め、壺の中に入れて油紙で封をし、皿をかぶせて釜の中で湯煎《ゆせん》する」とある。一種の湯煎型のチム（蒸し）型料理法である。

さらに文献では「この料理法が鶏料理の中でも最高に属する」と記されている。雌の親鶏がこの料理法の材料であるが、これが雛鶏に変わるのは五十年後の『増補山林経済』（一七六六年）の「軟鶏蒸《ヨンゲチム》」という料理法のところである。「雛鶏の腹に各種の具と香辛料を詰めて水で煮てから、しょうゆとゴマ油を加えて、さらに蒸し煮する」とある。

雛鶏の蒸し料理を夏の暑気払いに食べた地方は咸鏡道《ハムギョンド》（北部の東側）地方である。ちょうど春に生まれたヒヨコが夏に雛鶏になることから、この地方では雛鶏料理は大切な季節料理だった。

中国東北地方、吉林省の延辺には朝鮮族が数十万居住している。咸鏡道とは豆満江ひとつ隔てただけで、朝鮮族自治州になっている。筆者はこの地を十一回訪ねている。

ここに鶏肉の蒸し料理が名物としてある。鶏の腹を抜いてそこに糯米、人参、棗などの漢方材を入れ、じっくりと蒸し上げたものである。スープはない。従ってこれを参鶏湯とは呼んでいない。「タッコウム」という名である。

タッとは鶏のこと、コウムとは、じっくり柔らかくしたもの、のことである。これはどうやら咸鏡道の夏料理の流れをくむ料理とみられる。それは、この地方が有名な薬用人参のとれる長白山系の自然を背景にしていることからでも納得がいく。

今日のようなスープたっぷりのものになるのは比較的新しいためか、李朝の宮廷料理メニューにはない。薬用の高麗人参がスープに使われた初めの頃「鶏参湯《ケサムタン》」と呼ばれるのが通例であった。いまでも、鶏参湯との呼称を使うこともあるが、決して間違った名ではないのだ。古い書物には参鶏湯はないが、鶏参湯は出てくる。

なぜ雛鶏と漢方なのか

親鶏よりも雛鶏の方が肉が柔らかいからだろうことは見当がつく。元来鶏は生まれて半年くらいすると一人前になって雌鶏は卵を産み始める。いまの鶏は改良されていてもっと早く産むそうである。卵を産み始める前の鶏、つまり雄であれ、雌であれ一人前になる以前の方が肉に脂肪分が多く、皮も柔らかくて良いということになる。鶏肉は牛肉と違って脂肪が肉質の中に混ざり込んでない分、味が淡泊であり、食べやすいのだが、この材料の手にはいるときがちょうど夏バテの時期なのである。

現代のように畜肉料理が豊富でなかった時代の料理では、脂肪分がたっぷりあること、肉質が柔らかいということは、栄養のあるおいしい料理の条件そのものであったろう。夏の暑さを乗り切るときに、手近にいる雛鶏が、季節的にも栄養的にも格好の対象となったわけである。

このメニューの価値をさらに高めるための知恵が、漢方薬材の添加となったのだ。

高麗人参はよく知られた漢方材で強壮剤、胃腸の衰弱による新陳代謝機能の減弱、それに伴う食欲不振、消化不良、嘔吐、下痢症に用いるし、病弱者の健康増進に使われる。黄耆《オウギ》（キバナオウギの根）が用いられる場合、顕著な血圧下降作用を持っている。脂肪や栄養たっぷりの上に強壮効果の人参による血圧上昇があったりするとバランスをとってくれるということか。

棗は内臓の調子を整えてくれる、いわゆる緩和作用があるとされる。

参鶏湯はスープではあるが、具材に野菜類が使われていない。人参の薬用効果を生かすには生ものは禁物である。野菜・果実・魚肉類などの生とは一緒に人参は用いられない。人参と共に使われる干し棗・黄耆など乾燥品であることが条件である。

いま薬膳料理として参鶏湯は注目されている。韓国では専門店がたくさんある。北朝鮮の平壌《ピョンヤン》で筆者が味わったのは、鶏肉をあらかじめ食べやすい大きさに切り、人参などの漢方材も刻まれ、時間をかけてじっくり煮込んだものであった。普通は丸ごとの鶏が材料なので、食べるときに引きちぎったりしなければ食べられないし、一羽そのままの料理では量が多すぎる。これを、慣れない人たちに食べやすくしようとしたものであった。筆者としては良いアイデアだと感心した次第である。

韓国生まれの薬膳料理は、現代の生活と料理方法の発達と考え方によってもっと変わっていくのだろうか。

野菜スープ

朝鮮半島の「お袋の味」

韓国家庭料理店などの看板メニューに、ウゴジクッというのがある。みそ味仕立ての野菜スープである。肉や魚でだしを添えることもある。ご飯の菜に合う素朴な「みそ汁」スープというところ。

焼肉などをしっかり食べたあと、ご飯をあっさり食べたいときには、これがよいだろう。またランチタイムに軽く食事をするというのにも、おすすめである。

ウゴジとは野菜の葉の類を指す語である。例えば白菜キムチを漬けるときなど、外側の傷ついた葉っぱ類を除くのだが、この葉っぱ類がウゴジなのである。わかりやすく言えば「くずもの葉っぱ」というところだろうか。しかし、この葉をちゃんと手入れして、いったんゆでたものをスープの材料とするわけで、決しておかしいメニューではない。

食べるものを大切にし、捨てるものなく利用しようとした生活の知恵が生んだスープであろう。このスープをおいしく出せる料理店なら、家庭料理店としてはまっとうなところと判断してよいであろう。

このような野菜の「くず葉」のたぐいがよく出るのは、秋のキムチづくりのシーズンである。

キムチを大量に漬ける準備をすると、白菜の整理された「くず葉」が多く出る。またダイコンのキムチを漬けるのには、葉がいらないのでこれも余ってくる。

この葉を捨てないで軒先で干す。干して保存する。この乾燥葉のことをシレギといい、このシレギもウゴジクッと同じく、みそ味仕立てで汁ものにする。シレギクッという。ウゴジクッは生野菜をゆでたもの、シレギクッは干し野菜をもどしたものが材料となったスープである。

庶民の生活ではこの野菜スープがよく食べられる。

朝鮮半島の食生活では、毎食事ごとにスープメニューは必ずつくものとなっている。

筆者の体験でも冬の間の家庭料理のスープは、ほとんどがこの野菜スープであった。たまに、肉や魚のスープが出ることは大変なごちそうであった。それほど野菜スープは、当たり前の質素な食事だったのである。

もちろんそれは生活のゆとりのあるなしにかかわることであって、野菜のウゴジなりシレギを利用するしかない状況での話である。そのような野菜スープに慣らされた世代にとっては、この飽食の時代に、かえって懐かしい粗食の野菜スープが、こたえられない味となるわけだ。

日本にもみそ汁がある。ウゴジクッ、シレギクッと共通しているのがみそ味であることだ。ただ日本のみそ汁に比べると、ウゴジクッ、シレギクッのスープは汁が多いのと味が濃くないだけである。

日本のみそ汁も「お袋の味」とよくいわれるが、ウゴジクッ、シレギクッもまさに朝鮮半島の「お袋の味」そのものなのである。

そのようなお袋の味を求める人のニーズに合わせるために、韓国家庭料理店などで、このメニューに力が入れられている。韓国で二十数年前に全国の各地方における傑作飲食を調査したとき、このシレギクッは全地域で傑作食品としてリストアップされたということである。庶民の素朴なお袋の味となったウゴジクッ、シレギクッ。焼肉店でどのような受け止め方になっていくのだろうか。

韓国グルメの楽しみ――狗肉のスープ

このスープについてはユッケジャン（一六四頁）のところで少し触れた。

焼肉料理を少なくしながら狗肉スープを専門店としているところが、東京、大阪、山口あたりでみられる。

料理法は肉を焼くのではなく、蒸したもの、そしてスープが主体である。スープはケジャンクッと呼ばれる。体力の衰えたとき、とくに夏バテの体を回復させる料理としてケジャンクッは朝鮮半島で古くから食べ慣わされてきた。

『東国歳時記』（一八四九年）には、夏の三伏（夏の暑さを初伏、中伏、末伏の三つに分ける）の頃に、狗肉のスープを食べれば、発汗して暑気を退け、虚弱を補強するのに効果がある。よって三伏の時食とし、市中では売られる、と記されている。日本の土用の丑の日のうなぎ料理のような位置づけにあったことが分かる。

この風習が今日まで引き継がれ、夏はもちろんのこと、体力増強の絶好のメニューとしてシーズンに関係なく、狗肉スープは食べ続けられているのである。また結核の「薬」として狗肉が食べられてきたし、いまもそのような受けとめ方は残っているようだ。

狗肉の食用の歴史は古く、古代の国家扶余《プヨ》の官職名には馬加、牛加、猪加、狗加、犬使などの呼称が見られることが、それを裏付けてくれる。

『三国史記』（一一四五年）には新羅が日本や中国（唐）に狗を輸出した記録も見られる。

仏教が盛んになり肉食が避けられるようになった高麗時代の記録には、狗の食用記録が少ない。だが十五世紀以降の朝鮮時代となり、仏教が後退し、儒教文化となると、狗肉の食用の記録は多くなってくる。儒学の祖の孔子が狗肉を食べた影響なのだろうか。朝鮮でも儒学者が狗肉をよく食べるようになる。

李朝の宮廷料理にも「狗蒸《ケチム》」が出てくる（『園幸之卯整理儀軌』、一七九五年）。十八世紀末になると狗肉料理はバラエティに富んだものとなり、高級料理になる。各種の料理法が考えられていることが分かる。狗の焼肉、狗の腸詰（スンデ）、狗醬《ケジャン》（スープ）、狗蒸、狗脯（干し肉）、狗餡、狗酒、狗焼酒など狗肉利用の幅が広がり、材料も皮や内臓などに及ぶ。いまなお狗肉のグルメは皮と肝とされるのは、この時代からのものである。

いま日本で狗肉スープを出しているのは在日の韓国・朝鮮人だが、日本人も古くから狗肉を食べている。奈良時代の遺跡から狗肉を食べたあとが確認されているし、江戸時代の初期、冬には市中に犬が一匹もいないほど食べ尽くされたし、『料理物語』（一六四三年）には、犬の吸い物などが記録されている。犬を食用から遠ざけるようになったのは二十世紀の後半からであり、いまでも日本の各地に犬食の地域は散在している。

韓国、北朝鮮に行けば、狗肉料理店は健在である。北朝鮮では「タンコギ」と呼ぶが、タンとは「甘い」の意で、つまり「おいしい」コギ（肉）のことである。タンコギ料理にありつくためには予約を取らねばならなかったことを私は体験している。

韓国ではケジャンクッという表現で通じるが、「狗」という直接的な表現を避けて

「補身湯《ボシンタン》」、つまり身を補ってくれるスープという「上品な」表現に代わるようになった。

この表現は一九四〇年代の後半頃から用いられたとされるが、ソウルオリンピックの一九八八年からは、「栄養湯《ヨンヤンタン》」などに直した。外国の動物愛護団体からの抗議をかわすため大通りの狗肉料理店は姿を消し、裏通りで営業を続けるという手も打った。だが今はもう補身湯という語に逆戻りし、看板も掲げられているし、場末の市場には生の狗肉がちゃんと商品として並べられている。

日本にも食べさせてくれるところがいくつかあるが、韓国でグルメを味わうのに、この狗肉のメニューと出合うことも悪くないと思っている。

どじょう汁

しょうゆ仕立ての「秋の味」

韓国料理の本格派を目指している店や、また家庭料理を看板としているところで、このメニューがいただける。

麦飯や白いご飯に合う素朴なスープなのだが、酒を飲んでほろ酔いになったところで、ちょっと腹ごしらえにうってつけだ。匙ですくったスープにはどじょうが形も残らないくらいつぶされ、代わりに野菜がたっぷり入っている。柔らかくなった野菜の具、ピリリとくる香辛料としょうゆ仕立ての味。いかにも、疲れをいやしてくれる「農村の味」なのである。

どじょうのことをミクラジと呼ぶが、漢字では鰍魚《チユオ》と表す。収穫が終わった秋の田んぼで、よく肥えたどじょうがとれて料理に使われたからだろうか。日本では秋刀魚《さんま》が秋の魚であるのと似通っているようだ。

どじょう汁の料理法は二通りあって、どじょうのぬめりを取ったあと、鍋、釜でゆっくり煮て、ざるなどで漉《こ》して骨を取り除き、身だけをスープにするもの。骨を除かずそのままをつぶして骨ごとスープにするものとある。店舗で出される料理は骨を除いた前者である。後者は家庭の料理でよく見られる。

野菜の具が大切で青菜類、ニラ、ゼンマイ、ズイキ、もやし、ネギ、家庭料理などではカボチャの葉などが使われる。さらに、牛肉を少し使って肉のうま味でバランスを取れば本格的な鰍魚湯《チユオタン》である。

香辛料はたっぷり使う。山椒は欠かせないが、最後に、辛い青トウガラシとニンニクを刻んで味を仕上げる。

食べながら吹き出す汗をぬぐい、ご飯をもりもりいただくのが、鰍魚湯の真髄であろう。

田園の名物料理

どじょうは水田に多くいたものである。今でこそ農薬の使用のため水田にどじょうが見かけられなくなったが、そのむかしは水のあるところにはどじょうは必ずいたものだ。私が小学生の頃小鮒《こぶな》釣りに行って、もしどじょうが針に食らいついたものなら、腹を立てて捨ててしまったくらいである。

川や水田で育つどじょうは、夏を過ぎる頃になると太ってくる。秋になって冬眠の準備の頃にはそれに脂も乗ってくる。どじょう汁の旬が、大体夏の終わりか秋であったのは、このためである。

夏の終わりには畑の青菜が間引きの時期となり、トウガラシは青いながら辛味を増し、赤みがかってくる。農家の人々は夏にバテた体をいやし、秋の収穫のために体に栄養をつけて準備をしなくてはならない。その料理のひとつに、この鰍魚湯があり、農村地域の庶民にとってはかけがえのない料理だった。

この料理がいつ頃から食べられてきたのかは、文献で確認することができない。あまりにも身近でありふれたメニューだからかも知れない。材料のどじょうも野菜類も古くからあったものだけに記録するほどのことではなかったからだろう。

しかし、このどじょうを使って鰍魚湯と呼ばれるものが、朝鮮半島で一様ではないことが面白い。中部のソウル地方から北部では、どじょう汁の鰍魚湯は、どじょう丸ごとの料理が主流である。一方、つぶしてつくるメニューはソウルより南の方、慶尚道《キョンサンド》、全《チョル》羅《ラ》道《ド》の名物料理なのである。南でも済州島《チェジュド》になるとまた丸ごとのどじょう汁となる。

同じ朝鮮半島でもこんな違いがあるのを知ったのは、北朝鮮から日本に来た商社マンと食生活を共にした体験からである。

日本に滞在期間中、焼肉やピビンパプなどの料理はもちろん好んで食べたが、懐かしい家庭料理が食べたいと言ったので、では、鰍魚湯を食べに行こうと言ったら、喜んだ。しかし、東京・上野広小路の韓国どじょう汁専門店に行って出された料理をみた商社マンは、それは見たことも食べたこともない料理だと言ったのだった。

その後、北朝鮮で出版された料理本を調べてみると、鰍魚湯はあったが丸ごとどじょうの料理法が一般的なようだった。同じ朝鮮半島の南部と北部で、どじょう料理の文化の違いに気がついた次第である。

それからしばらくしてNHKの料理番組で、九州の熊本地方のどじょう料理を紹介していた。興味深く見ていると、これが朝鮮半島の南部地方の鰍魚湯と同じく、身をつぶしてスープにするのである。しかも、解説でこの料理法は他の地方には見られない熊本地方特有のものだということを知った。筆者はその時この熊本のどじょう料理は朝鮮半島の南部の食文化とつながっていることを確信した。

なぜなら日本にも有名などじょう料理がある。丸ごとのどじょうを用いる丸煮鍋、腹を開いた柳川鍋と料理文化は大きく二つに分けられる。その中に唯一九州の熊本地方にだけ「朝鮮南部型どじょう料理」があるのは、熊本という地が朝鮮半島の南部の近くに位置するだけに、より可能性は高い。そのことは解説者も触れていたところであった。

ちなみに在日の朝鮮・韓国人でも若い人はこのどじょう汁を食べたがらないのが実情

ではある。一世代上のノスタルジー料理かも知れない。

「どじょう地獄」という料理

先に、文献ではどじょう汁のことが出ていないと書いたが、実はひとつだけある。一八五〇年頃とされる『五洲衍文長箋散稿』に「鰍豆腐湯」という珍しい料理が出てくる。「どじょうに十分泥をはかせたあと、釜に豆腐数丁を入れ、そこにどじょうを五十〜六十匹入れて火にかけると、どじょうが熱くて豆腐の中にもぐる。さらに熱するとどじょうは豆腐の中で暴れながら死ぬ。これを切ってゴマ油で炒めてスープにする。このスープはソウルの泮人《はんじん》の間で盛んにつくられたもので異味を楽しむ」とある。泮人とは牛の解体や牛肉商を職業としていた人たちのこと。この料理は日本にもあり、「こごり豆腐」「どじょう地獄」とも呼ばれている。中国の文献にもこの料理はある。

二十数年前NHKがこの料理を番組にしたいといって料理専門家に頼んでテストをしたらしい。聞くところに拠れば、いくら豆腐とどじょうを入れても豆腐の中にはどじょうが入らず、結局番組にはできなかったという。そしてその人たちの間では文献に出ているのは「嘘だ」ということになったらしい。私も成る程そうかも知れないと、以後はそれに気をつけていた。

しかし、数年前、韓国の食文化学の教授にこの話をしたところ、「いやそれは違う。間違いなく、どじょうは豆腐にもぐり込む」ということであった。

その先生がおっしゃるには、どじょうを先に鍋に入れて、少し温まりかけてきたときに冷たい豆腐を入れると湯の熱さを嫌って冷たい豆腐にもぐり込むのだ、ということであった。

韓国の豆腐は日本のものより硬いのが一般であるが、順豆腐《スントウブ》といってきわめて柔らかいのがある。これを利用したのかどうかの確認はしていないが、間違いなく「鰍豆腐湯」料理はできるとの話であった。

北朝鮮の料理書にも間違いなくこの料理がある。その豆腐は柔らかくないものだ。アジアの食文化といえる豆腐と、アジアの水田文化の産物といえるどじょう料理にこのような共通性、そして違いのはっきりした地域性があることは興味深いことであった。

いまどじょうは養殖用のものが主体で、川や水田でとれたようなものは手に入れることは無理である。せめてどじょう汁とは、田園地帯の夏から秋にかけてのスタミナづくり料理であったことを確かめながら、酒のあとのスープ、ご飯のスープとして味わってみたい。

チゲ鍋料理

テンジャンチゲ

焼肉店で鍋料理を味わうとすれば、このチゲ料理、それもテンジャンチゲと呼ばれるみそ味のメニューがある。

寒い冬は体を温めるにも、夏の暑さを、汗を出して吹き飛ばすにも、グツグツと煮立った鍋の豆腐や肉、魚、野菜のテンジャンチゲはぴったりの料理となる。焼肉をいただいて、軽くご飯というときに、みそ味に少し辛味の利いた素朴な味は、みそ汁文化に慣らされた日本の嗜好《しこう》にフィットするのだろう。焼肉店や韓国家庭料理店でテンジャンチゲの味を知った方の多くは、もう一度食べたくなると言われるそうだ。

ただ辛味に対しての好みは分かれてはいるようだ。

朝鮮半島のこのテンジャンチゲという菜は、さしずめ日本のみそ汁という存在になるだろう。韓国で定食をとるとき、もっともポピュラーというか、簡単なメニューが、このテンジャンチゲ定食なのである。

家庭でもテンジャンチゲの味が「オモニの味」つまり「お袋の味」といわれるくらい、生活に根ざしたメニューのひとつとなっている。

テンジャンとはみそのことである。テンとは硬いの意、ジャンとは醤《ジャン》のこと。チゲとは、水分のある鍋物料理のひとつを指すもので、いわゆる「汁もの料理」の意味である。

この汁もの料理は、汁の多少によっていくつかに分けられる。汁の多いものにスープがある。これはクッ、または湯《タン》と呼ばれる。

このスープに対して、同じ汁もの料理で器を温めながらいただく料理に煎骨《チョンゴル》とチゲがある。共に水分量がスープより少ない。正確には煎骨料理よりチゲ料理がさらに水分が少なかった。

そして煎骨とチゲの違いは具の入れ方と味のつけ方にある。

煎骨の場合は肉水《ユッス》(肉類から取っただし汁)を鍋に注いで熱しておく。別につくられた料理や具材を鍋の脇に置いて、だし汁を温めながら好みの具材を鍋に入れ、味のついたものからいただく。味はしょうゆで調える。

このように料理の材料をあらかじめだし汁の鍋には入れないのが煎骨料理の特徴で、その代表的で豪華なメニューが神仙炉《シンソルロ》である(一九九頁)。

これに対してチゲ料理は、まず器に、みそのテンジャン、コチュジャン(トウガラシみそ)、アミの塩辛などを入れ、汁にとろみが出る程度に味を調えておく。この味つけに何を主に使ったかによって、テンジャンチゲ、コチュジャンチゲ、塩辛を使ったチョッカルチゲなどに呼称が分かれる。別に具材として何が主に使われるかによって豆腐《トウブ》チゲ、魚類の生鮮《センソン》チゲ、野菜チゲ、肉チゲなどと呼ばれることにもなる。

具材の豆腐、魚介類、肉類、野菜はひと口でいただける程度の大きさにしてだし汁と共にあらかじめ鍋に詰めておく。

器は土鍋タイプのもので、金属の鍋ではない。

この鍋をグツグツと煮て、煮上がったら、鍋ごと食卓に移していただくのが、チゲ料理の特徴である。匙で具と汁を鍋から取り、熱くて濃い味のだし汁をすするようにいただくところに、チゲ鍋料理のよさがある。味が濃いので白いご飯をいただくのには、まさにぴったりなのである。

チゲ鍋に用いられる器は、陶器のような土鍋タイプが一般で、火の上で熱したものを膳に運んでも、保温力のよいものが選ばれる。普通はトゥッペギと呼ばれる小型で広口の鍋型をした蓋のないものである。保温力がよいので直火で煮立てず、ご飯釜の中に置いて「蒸す」方法で加熱することもある。

この料理は宮廷料理としてもよく知られている。宮廷ではチゲとは呼ばず「鳥雉《チヨチ》」と呼ばれていた。よくつくられていたのは鶏肉を塩辛の汁で仕上げたもので、「鶏塩辛汁鳥雉」と呼ばれていた。今では、このメニューは一般にみられるが、上品な部類に属するものといえよう。鶏肉の前は雉肉が使われていただろうと考えられる。そこから鳥雉という名がつけられたようである。

もちろん他の材料のもある。ダイコン、タラの子、生牡蠣《なまがき》、卵、豆腐などがよくつかわれたようである。概して味つけはマイルドな塩辛汁が用いられたのが、宮廷料理の鳥雉つまりチゲ料理である。

豆腐チゲ

焼肉店でチゲ鍋を食べられるとすれば、豆腐が主材料となる豆腐チゲであろう。このメニューがもっともポピュラーで、好まれる人が多いからである。本場の韓国の家庭料理ではもちろんよく食べられるし、大衆的な食堂では必ずこのメニューはある。

この味の特徴は豆腐にあるが、本場の韓国と日本とでは少し違いがある。

韓国の豆腐は硬く、日本のは柔らかい。したがって韓国で出される豆腐チゲの豆腐は厚さがうすくなっている。日本のは柔らかいので分厚くてもかまわないのだが、硬い韓国豆腐を日本のひと口の感覚で調理すると、ちょっと食べごたえがある。本場の豆腐料理は、チゲ鍋に限らず平べったく切ってあるのはそのためである。少し硬めのこの豆腐のテクスチャーが、また熱くて濃い味のチゲの汁とよく合ってくれるのだ。

日本の豆腐が柔らかくなったのはここ百年くらいのものだが、韓国の豆腐の硬いのはつくり方が昔のままだからで、中国と同じである。豆腐を固めるのに海水を用いる地域があるが、日本でも沖縄では行われていた。いまは共に工業用製品が用いられるが、手づくりにこだわるところでは、海水のところもある。

豆腐チゲには、みそのテンジャン、トウガラシみそのコチュジャンの二通りがある。みその豆腐テンジャンチゲのみそにも本場のそれには特徴がある。

大豆だけからつくられるのが、韓国の在来みそなのだが、チゲ鍋料理はこの在来みそを使うことにこだわりをみせる。

在来みそにもつくり方で味の違いが大きい。

例えば清国醬《チヨングツチヤン》（八七頁）というのがある。大豆のみでつくられるみその一種だが、日本の納豆と同じタイプのもので、それを調味料としていると考えてよい。匂いはまさに納豆菌がつくり出した特有の芳香を発する。味は甘味のない大豆味だけである。

この味と匂いに慣らされた人は、豆腐チゲにこのみそを使って、こよなくこの味を愛するわけだ。豆腐チゲ、テンジャンチゲはこの清国醬でないと本物でないという人がいるくらいである。

また別な人たちもいる。辛味のコチュジャンが入ってない豆腐チゲはおいしくないという人たちである。食事をすることによって汗が噴き出て、寒さや暑さを吹き飛ばし、食後の気分爽快さを味わうのが、豆腐コチュジャンチゲだというわけだ。体が温まるのは確かである。温かい鍋物だけでも温まるのに、さらにトウガラシ効果が加わることで、間違いなく新陳代謝は活発になってくれるだろう。

それがまたこの料理の「おいしさ」なのだろう。

この料理は主材は豆腐だが、肉、魚介、野菜はもちろん自由に組み合わせられる。

朝鮮半島にはみそ仕立ての汁料理テンジャクッというのがある。食卓での位置づけは、日本のみそ汁と同じで、ご飯にごく普通に添えられ、欠かせないメニューである。ただ汁は少なく、みその味が濃く、みそ汁のように飲める味ではない。チゲ料理のように汁をすするのがこの食べ方である。この違いはみそ汁が箸文化、テンジャクッが匙文化だからできたもので、みそ味の汁ものという点では同じ文化圏のメニューとみてよいだろう。

神仙炉（シンソㇽロ）

高級鍋料理

日本でしゃぶしゃぶをいただくときの鍋を用いての料理であるが、中身が少し違う。日本の焼肉店で、これを出せるところは見当たらないようだ。高級家庭料理店でなら、予《あらかじ》め頼めば出せるところはある。韓国内の料亭ならこの料理を得意としているところはある。つくるのに手間のかかる料理なのに、これをおいしくするのが、なかなか難しい。

鍋料理のひとつだが、つくり方をアレンジすることが可能なので、中身は必ずしも一様でない。

代表的なメニューは、しゃぶしゃぶスタイルの鍋に山海の珍味を配して、肉水《ユッス》（肉類でつくっただし汁）を注ぎ、汁も食べる。

宮廷料理のスタイルは、各種の煎《ジヨン》料理（うすく切った材料に小麦粉の衣をつけて油で炒めたもの）を並べて肉水を注いで、温めながら取り出していただく。もちろん汁も味わう。この方が手間がかかっている。

おつきの女性が鍋から具を取り出すことが、料亭料理になる条件となってくる。日本のすき焼きと同じく具材を鍋に追加していくのだが、このような料理法を煎骨《チヨンゴル》料理という。同じ鍋料理でも、具を詰めるだけ詰めてグツグツと煮て注ぎ足しをしない料理をチゲ（鳥雉《チヨチ》）料理として煎骨料理と区別する。よく知られるテンジャンチゲがこれに属する（一九三頁）。

神仙炉料理は手間がかかるという点と食べ方の雰囲気から、煎骨料理の種類の中で最高級に属する。朝鮮・韓国料理の鍋料理のトップはこの料理ということになるだろう。

いつ頃からこの料理が出てきたのだろうか。

神仙炉を宮中の宴会食では「悦口資湯《ヨルグジヤタン》」と呼び、一八二七年に初めて記録されている。他の文献では「神仙炉《シンソルロ》」と書かれているのが多く、中には「新設炉《シンソルロ》」と同じ発音で表記されているのもある。また後の宮廷料理メニューには「麺新設炉《ミヨンシンソルロ》」「湯新設炉《タンシンソルロ》」「雑湯《チヤプタン》新設炉《シンソルロ》」などの種類がみられ、材料が多彩である。

『東国歳時記』（一八四九年）には、「牛肉や豚肉にダイコン、瓜、葷菜《くんさい》、卵を入れてスープをつくる。これを神仙炉、悦口子《ヨルグジヤ》といい、中国の煖炉会からきたものである」として中国ルーツとしている。しかし、煖炉会という料理は焼肉に近いものなので神仙炉とは合わない。ただ中国の調理器具に「火鍋子《フオクオツー》」というのがあり、これが神仙炉の鍋と同じである。つまりしゃぶしゃぶ鍋を中国では火鍋子と呼ぶわけである。

ちなみに日本のしゃぶしゃぶ料理のルーツは中国料理にある。

この火鍋子と神仙炉の鍋が同じであることから、料理の中身はともかく、ルーツは中国と無関係でないといえるだろう。

一方、日本ルーツ説をとった人がいる。

李学逵《イハッキュ》という官吏が一八〇一年以来ソウルから南の慶尚南道金海《キョンサンナムドキメ》に配流されて、その地で見聞きした風俗雑事を歌った詩「金官竹枝詞」の注のところに、「神仙炉は日本から来たものである」というくだりがみられる。これを崔南善《チエナムソン》が『朝鮮常識問答』（一九四六年）で紹介している。金海は釜山《プサン》のそばの最南の地で、日本との文化の接点になり得るところなので甚だ興味ある事実ではある。

ところが日本には一般の鍋はあったとしても、神仙炉型＝しゃぶしゃぶタイプの鍋がこの頃にはなかったはずである。こうしたことから李盛雨《イソンウ》は『韓国料理文化史』（一九八五年）でそれは間違いであろうと指摘している。

中国の諸文献には料理名の悦口子湯なり神仙炉というのがまったくみられないが、今日でも火鍋子が使われている。その豪華版ともいえる「十景大鍋」があり、十景とは多くの食材で作った料理を指すことから、神仙炉のルーツは中国とみる方が妥当のようである。

文献には神仙炉という表現より悦口《ヨルグ》子《ジャ》、悦口《ヨルグ》子湯《ジャタン》、あるいは悦口《ヨルグ》資湯《ジャタン》と記されていることが多いので、この料理名が正式名で、神仙炉とは、そののちの俗称だと考えてよいだろう。

悦口《ヨルグ》すなわち口を悦ばせるおいしいもの、その多くを集めた「子《ジャ》」「資《ジャ》」の「湯《タン》」（スープ）ということなのである。おいしいものを集めてつくったスープというのが、この料理名の在り方をよく示していると思われる。

では、どうしてそれが「神仙炉」になったのであろうか。

仙人料理説

ここに山の仙人のあみ出した料理だとする「有力」な説がある。

洪善杓《ホンソンピョ》の『朝鮮料理学』（一九四〇年）がそれについて記している。それ以前の各種文献に基づいての話である。

李朝十代目の燕山王（一四九四〜一五〇六年）の時代、鄭希良《チョンヒリャン》という著名な文官がいた。号を虚庵と称し、詩文に通じ陰陽学にも深い造詣を有していた。彼は当時の政治の腐敗に心を痛め、燕山王に政治の改革を進言する。

「王は威張らず、忠言は受け入れ、正邪をよく見極め、重臣は手厚く扱い、宦官《かんがん》はおさえ、学校をもり立て、財政を切りつめ……」などと思い切った発言をする。

王はともかく取り巻きの重臣たちにとって決して聞き良い進言であろうはずがない。やがて政権抗争に巻き込まれることになる。陰陽学に通じていた鄭希良は自らの運命と寿命を占って遁世するべく準備するが、政敵にとらえられ北方の義州《ウイジュ》に流される。都の政争が落ち着いて数年後には、ソウルに戻ってきたが、世相の落ち着きのなさにがっかりする。彼は、いまの世よりもさらに悪い世の中になるだろうと家を出、山中で僧になり、李千年《イチヨンニヨン》と名乗り、山中を放浪しながらの仙人生活を送ることになる。

生活の中で食事用の炉をつくるが、その炉づくりの理論は「水火既済」というものであった。これは易の用語で、水にも火にも片寄らず陰陽調和するの意である。この炉で、山中で得た山菜類を煮て食べる生活を営んだ。朝夕の食事はこの炉だけでとったという。ある時、当時のもう一人有名な学者であった李退溪《イテゲ》（李滉）が、山にこもって書物を読んでいた。

そこにどこからともなく一人の老僧が現われた。李滉はとっさに老僧が隠遁生活に入った鄭虚庵であることに気づき、書を置き、丁重にあいさつをした。老僧もうなずきしばし世間話に時を過ごす。李滉は世相を共に嘆きながらも、是非とも世に出て政治にかかわってくれるよう懇願するのであるが、虚庵はこれを聞き入れず、やがて、いずこともなく消え去ってしまう。

李滉は、鄭虚庵が住み着いていたところに残された炉をつぶさに見ることになる。水火既済の理論でつくられたとされる火炉一つと鍋が、そこにあった。

「山で神仙の風をした老僧が使った炉」ということから、以後、この鍋のことを神仙炉と呼ぶようになった……。

別な意見もある。炉つまり鍋よりも山菜類を何でも多種類あわせて煮込んだところが「仙人」の料理の特徴だったはずだというのである。

このようなことから、少なくとも「神仙炉」の名称は朝鮮時代につけられたものではないかと思われる。名も良し、料理にも手をかけるこの料理、日本の焼肉店でおいしく食べさせてくれるところが出てくるのを待っている。

コラム　なぜ、ピビンパプは混ぜて食べるのか

「ピビンパプ」の項目でも触れてありますが、ピビンパプは冠婚葬祭や法事などのときに出される料理でもあるのです。儒教の大事な儀礼であるこうした行事には、親族一同たくさんの人が集まるのですが、儀式が終わって供えものをいただくのに、各々に配膳していたのでは大変です。

そこで、大きな鍋や器に供えものや残りものを集めては混ぜ、そこから匙ですくってはそれぞれに分けていただくのです。

こうした食事法の背景にあるのは、朝鮮料理の匙文化です。日本の箸ではご飯を混ぜるのは不適ですが、もともと匙文化だったからこそ、混ぜて食べるという食事法になったともいえるのです。

金属や陶磁器の器を使用していたことも、「混ぜる」文化の背景にあるといえます。というのも、温かい料理が、重くて大きな器に入っていたら、日本の椀のように手で持ち上げて食べるのは不向きだからです。したがって、必然的に匙のようなものですくって食べることになるわけです。

また、朝鮮半島では、日本の箸の材料となる竹のようなものが少なかったことも理由として考えられます。木材や竹材の豊富な日本では椀や箸を金属にする必要がなく、そのことが箸文化になった一因と考えてもよいのですから。

飯と麵

밥, 국수, 죽

ピビンパプ

宮廷料理番の苦しまぎれのアイデアか……

いまや、焼肉店だけではなく弁当屋でも見られるし、集団給食にも利用されている人気メニューが、このピビンパプである。東京ではピビンパプ専門のチェーン店すら出来ているほどである。とりわけ石焼きピビンパプは、食通の人がいるくらい、もてもての料理となってしまった。

「ピビム」とは混ぜる、「パプ」とはご飯の意。ご飯の上に盛られた各種の具は、有り合わせの材料でもかまわないので、残り物を処理する庶民的で便利な料理だと考えられがちだが、実は、れっきとした朝鮮時代の宮廷で編み出された料理だとされている。その経緯には、二つの説がある。一つは、こういう話である。

ある王の時代のこと。宮中の料理番が当日の担当料理をまかない終え、みんなの食事も済んだところに、急に王を訪ねる賓客があった。料理番は、慌てて残り物を調べてみたが、いずれも盛り合わせるには量が足りない。といって、新しく料理をつくって供するには間に合わない。そこで機転のきく料理番が、ご飯の上に各種残り物のおかずを体裁よく盛りつけて、「これはピビンパプといわれる一品料理でございます。どうか、混ぜ合わせて召し上がってください」と差し出したのである。

賓客はこれをおいしくいただき、料理番は難関を無事に切り抜けることができた……。

この話、出来すぎるくらい面白いエピソードなのだが、どうも事実ではないようである。というのも、ピビンパプは別名、骨董飯《コルトウンパン》と呼ばれており、朝鮮半島に古くから伝わる陰陽五行の思想に根ざしたものと考えられるからである。

骨董飯とは、山海の産物をバランスよく合わせた貴重な飯類という意味の料理が、そのルーツとされている。混ぜご飯という形でいえば、日本の五目飯と同じ類ということになるのだろうが、ピビンパプを骨董としたのには、価値のある貴重な材料を使うという意味が込められている。単なる残り物を使うというわけではないのである。

この貴重な海の幸、山の幸を使うときに大事なのは、食材の「色」をバランスよく配するということである。例えば、ナムル（野菜の和えもの）のニンジンは赤色、ホウレン草などは青、ダイコンの生菜《センチエ》は白、卵は黄色と白、シイタケや肉のそぼろ、海苔などは黒というように、食材に対応する「色」が重要なのだ。ピビンパプが彩り豊かな料理なのは、こうした考えがあるゆえなのだが、このように、食材に五色を組み合わせる考え方こそ、陰陽五行の思想からくるものである。この思想はまた、自然の産物を偏ることなく等しく取り入れるという、儒教の生活文化ともつながってくる。いわゆる、「菜食同源」の食事思想である。

ここで、この考えを最もよく表している料理を紹介しよう。「九折板《クジョルパン》」という宮廷料理である。

この料理で用いられる八角形の器は、その真ん中にまた小さな八角形の空間がある。ここに、小麦粉などを焼いた白く薄いものを入れ、周囲の八角の向かい合う四つの空間には青、赤、黄、黒の四色の食材を配する。白色とこの四色をいただくことで、自然のものを等しく食べられるというわけである。しかも、「九」という数字が縁起がよいとされるので、まさに「九折板」という料理は、陰陽五行そのものを表現していると言えるのだ。

そして、ピビンパプもまた、こうした食事思想から生まれるべくして出た食べものと考えられるのである。

儒教の祭祀とピビンパプ

もっとも、こうした理屈は、後から取ってつけられたと思われる節もないわけではない。

韓国の地方によっては、古くから大晦日《おおみそか》には、その年の食べものを新年に持ち越すことなく、食べきってしまうという風習があった。大晦日の夕食には、家族全員が揃って料理の残り物を集めて、ピビンパプにして食べるのである。そして翌一月一日にはご飯は炊かずに、トックッ（餅入りスープ、湯餅《タンピョン》ともいう）だけで食事をする。限られた地域の話ではあるが、これが慣習としてのピビンパプの由来となったとも考えられるのである。

さらに、もう一つ、有力な説もある。それは、儒教文化との密接なつながりから、考えられるものである。儒教では、先祖を祀る法事のときなどの料理づくりに力を入れる。肉や魚をはじめ、野菜のナムル、餅、菓子など多種類の料理が供えられる。儀礼が終わると、これをいただくことになるが、親戚など参加者が多いために、各々に配膳することはせず、ピビンパプの方法をとるのである。

筆者の体験からしても、ピビンパプを知ったのは、先祖への法事の席である。親族一同がワイワイ言いながら、お下がりのおかずを大鍋やボウルのような器に集め、それにご飯を混ぜ合わせて、どんぶりや飯碗によそってもらっては、「ピビンパプだ」と言って食べたものだった。

儒教の祭祀とピビンパプ。ここから連想されるのが、韓国慶尚北道安東《キョンサンプクトアンドン》地方の名物料理「虚祭祀《ホッチエサ》パプ」というピビンパプである。この料理は、祭祀のときに食べたピビンパプがあまりにおいしかったので、法事でもないのに、「祭祀《チエサ》」だと偽ってはピビンパプを食べたという話に由来する。実際、虚祭祀パプに調味料のコチュジャンが用いられていないのは、トウガラシ使用を禁じた祭祀用のピビンパプである証拠なのである。

ピビンパプをおいしく食べるには、まず、遠慮せず、よく混ぜることが大事である。混ぜるには箸は不適当で、ピビンパプが匙文化を代表する料理であることを端的に示している。匙で混ぜて、すくって食べたとき、ピビンパプの味が分かろうというものである。

もう一つの味のポイントは、ゴマ油だ。普通は、器の底に少々のゴマ油がひかれているが、具やご飯全体によく味が回るように混ぜる。その際、添えられたワカメスープを匙で少しすくってかければ、混ぜやすくなる。好みでコチュジャンを使うとよい。辛い味はピビンパプ全体を引き締めてくれるはずだ。

韓国で食べられるピビンパプと日本のものが違う点は、材料の大豆もやしである。韓国のもやしが細めで、ひげの部分も小さく、歯触りがしっかりしているのに対し、日本の大豆もやしは大粒で太いので、食感に違いが出てくるのだ。韓国で本場のピビンパプを食べたことのある方は、お気づきのことだろう。ピビンパプで有名なところとしては、全州《チョンジュ》、晋州《チンジュ》などが知られている。

ビタミン、ミネラル、食物繊維といった栄養バランスもよく、また合理的にかつ簡単に摂取することができるピビンパプは、ヘルシーな料理でもある。「菜食同源」の考えにも思いを馳せながら、味わっていただきたいものである。

ついでに、最近とみに人気がでてきた石焼きピビンパプについて触れておく。

石焼きピビンパプが商品化されたのは古い話ではなく、近年のことである。もともと、器になる石材は朝鮮半島では豊富であり、みそのチゲ鍋などには、むかしから使われていた。これを応用したのが石焼きピビンパプであり、その風変わりなスタイルがもてはやされるようになったというのが、実情である。

クッパ

珍しい「スープご飯」

焼肉店のメニューにクッパプは欠かせない。「クッパ」と表示されているのもみられるが、クッとはスープのこと、パはご飯のパプのことである。スープご飯というわけなのだが、クッパは温かいご飯を大型の器に盛り、熱いスープを上からかけるのが通常だ。こうして、柔らかくほぐれた熱いご飯をいただくのが、ファンにはたまらないのである。冷たいご飯に熱いスープで間に合うのではないかと思われがちだが、スープをかけていただくのは温かいご飯にするのがよい。冷たい残り飯にスープをかける場合は、あらためて火にかけ、ぐつぐつ煮立てればおいしいクッパとなる。

朝鮮半島の食事は、飯とスープが基本的なセットをなしている。このふたつを合わせて湯飯《タンバン》（クッパ）になるのだ。

クッパは、この基本セットをひとつに簡便化したものといえる。

このクッパのようなメニューは、世界でも珍しい。日本にはおじやがあり、中国にもこれに類するものがみられるが、クッパのように、ご飯に熱いスープをかけて仕上げる点が異なっている。

いずれにせよ、いまこのクッパは主食のご飯と副食のおかずを、ひとつの器にして素早く食べ切る重宝なメニューとして人気が高い。

その理由は、匙《さじ》でいただくので食べやすいこと、温かく柔らかいので、おなかが重くならず消化が良いこと、何よりも、ご飯のほかの副食材に魚肉類、野菜類を思うように取り入れて栄養バランスのとれたメニューがつくれるからである。

私など、小学生の頃、冬の寒さの厳しかった昼どき、父親が母につくらせたクッパを一緒にいただいたときの味が忘れられない。真鱈《まだら》（朝鮮語で大口《テグ》）の内臓のスープに、辛いキムチの味は、食べ終わると汗がどっと出て寒さを吹き飛ばす。また二〇〇〇年九月末に韓国の全州のクッパ専門店で朝食に味わった大豆もやしのコンナムルクッパは大豆もやしの歯触り、スープのおいしさは絶品そのものであった。案内してくださった大学の先生が、この味を知らないと全州に来たとは言えないとおっしゃった。ピビンパプも有名なところだが、もう一度全州にいくつもりである。

クッパの発生論

アジアのいわゆる米食民族の中で、朝鮮半島の食事の特色は、匙が食卓の主役であることだ。箸《はし》は匙とセットで使われるが、箸は、ご飯やスープをいただくのには使われず、匙が用いられるのである。

この匙文化はスープ(湯《タン》)をいただくのにはきわめて便利だ。スープの種類も非常に多く朝鮮半島の人が「湯民族」と自称するのも、このようなことから理解できるだろう。そしてそのスープは、ご飯を混ぜていただくことを前提としているのだ。

大豆もやしスープ、コムタン、ソルロンタン、ユッケジャン、ワカメスープなど、スープの具材を変えれば、多様なスープがつくられる。

また、韓国では「タロクッパプ」というメニューがある。「タロ」とは別々の意。これを注文すると、ご飯とスープが出てくる。つまり、スープつきのご飯のことで、自分でクッパプに合わせてもよいし、そのまま、ご飯とスープを別々に食べてもよいということなのだ。

スープとご飯を別々にして食べることが原則であるならば、このような「タロクッパプ」というメニューが成立することはないだろう。やはり、朝鮮半島のスープ(湯)が、湯飯すなわちクッパを前提として発展をとげてきたからとみられる。

それではどうしてこのクッパが生活の中に根を下ろしていったのだろうか。

その発生論にはいろいろな議論があるが、ひとつは貧しい生活の知恵とする見方である。

たとえば、大家族の人たちが、限られた少量の食材でおなかいっぱいになるようにするには、スープとご飯を合わせてボリューム感を出し、満足気分を味わわせるためだったとする、「貧乏発生論」である。

一方、それよりも、クッパが戦場での多人数の軍兵や工事現場に動員された多数の労働者の給食用に、簡便にひとつの食器に栄養バランスのとれたものを容《い》れ、しかも体を温めるのに有効な「集団給食料理」となり得たからだとする「肯定的発生論」もあるのだ。

ちなみに料理書にクッパが具体的に説明されているのは一八〇〇年代末の『是議全書』『延大閨壺要覧』などが初めてである。

では、それ以前にクッパはなかったのかというと、発生論の見方からすれば、ずっと古い時代からあったと考えられるが、むしろ料理書などに、わざわざ説明する必要のないくらいあたりまえの存在だったとみることができよう。

クッパのレシピ

『延大閨壺要覧』にみられる「チャンクッパプ」（醬《チャン》はしょうゆのこと）には、「飯の上に脂っこい肉をしょうゆで煮てその汁をかける」とある。『是議全書』には、「ブリスケの肉汁に、焼いた牛肉と肉の串焼きをのせ、ご飯と混ぜたものが、湯飯《タンバン》だが、スープを煮るのにしょうゆと香辛料で味つけする」とあり、チャンクッパプ用のスープはブリスケ肉を煮た汁だったことがわかる。

十九世紀後半頃から、いわゆる開化期に入ることになり、社会の発展にともなう外食や集団給食の必要性が高まってきた。そうなると複雑な家庭の手づくり料理法では対応しきれなくなり、おのずから簡便な一品料理が求められ、その結果、クッパが広く根を下ろすことになった。

このクッパに麵や饅頭（餃子状のもの）などが加えられて幅が広がり、「チャンクッパプチプ」（チプとは家、店のこと）が、飲食店として幅をきかすようになってきたのである。このクッパ専門店は、何本もの細い白紙を房のように長くたらした飾りを竿につけて、入口の横に出し目印にした。いわばクッパ店の「のれん」ができたのである。

この頃の伝統あるチャンクッパ屋は、ソウルの「武橋湯飯《ムギョタンバン》」という店だったといわれている。朝鮮時代の憲宗王（一八三四〜四九年）も隠れてこの店に通ったといわれ、各地の両班《ヤンバン》たちが、提灯《ちょうちん》を下げた下人たちを従えて、武橋のチャンクッパ屋を訪れたという話はよく知られている。

両班ではない一般庶民の多く集まる市《いち》では、食べ物屋が大鍋をかけて、通りすがりの人に売った。だから、いまでも「醤クッパ」は市場《シジャン》の場の字をとって「場クッパ」だと思いこんでいる人たちがいるくらいである。

クッパは、何よりも寒い日に食べるのが最高だ。スープにキムチを入れ、残りの冷飯を使ってでもつくるクッパは、実にこたえられない。

キムチクッパには、白菜キムチに生のスケトウダラか、または真鱈の白子、もしくはタチウオを使い、ネギをぶつ切りにしてほどよく味つけしたスープに、冷飯を加えて煮る。食べるときには、ゴマ油を少し垂らし、焼きのりをもんでのせると風味が増す。温かくてピリリと辛い味。体が温まり、汗がふき出てくる。疲れたときや、風邪をひきそうなとき、いやひいてしまっているときの、とっておきのメニューである。

焼肉店で好評なクッパプメニューのひとつは、ユッケジャンクッパだ。牛肉に各種野菜をたっぷり用い、何よりも辛い味を利かせる。脂ぎったスープとトウガラシがおなかに入ると、体には充実感が一気にみなぎる。冬の寒いとき、夏の暑さを吹きとばしたいとき、ユッケジャンクッパはおおいに役立つだろう。

一品でご飯、魚肉類、野菜をまとめて食べられ、栄養バランスの申し分のない、このクッパ、急いで腹ごしらえしなければいけないとき、軽くおなかに何か入れておかねばならないときに、重宝なメニューとなる。

筆者は一九九九年の春に全国の大学生三五〇〇名を対象にクッパの嗜好を調査した。食べたことがある五二%、そのうちおいしいと思ったが八三%、食べてみれば大体は若者の嗜好に合うメニューのようだ。ちなみに、クッパがもともとどこの地域の食べものかを知っていたのは三二%ほどだった。

最近、レトルト食品になったクッパ類がスーパーに多く見られるようになってきている。これからクッパは焼肉店のみでなく、便利な栄養バランスのとれたメニューとして広まるだろう。ご飯とスープがあれば、自分で好みのメニューもつくれる。但し、辛い味つけのアクセントは是非つけたいものである。

サムパプ

サンチュサムと「田園の団らん」

サムとは包むの意、パプはご飯、つまり包みご飯のこと。このサムパプの種類の多いのが、朝鮮半島の食事の特徴でもあるが、いってみればご飯を包める食材なら何でもいとも簡単にサムパプに変わってしまうのだ。

サムの中でも焼肉店で最もよく食べられているのがこのサンチュサムである。サンチュとは日本語ではチシャのこと。昨今はサニーレタスと呼ばれるチシャの改良種がひろくでまわっている。一般にはこれで肉をくるんでいただくことが多いのだが、ご飯を包んでいただいたところから発展したものである。

この生野菜の葉でご飯を包んでいただく食べ方は、昔から農作業と密接にかかわっていた。サンチュのチシャは春から初夏にかけて、ちょうど食べ頃に生長するのだが、この頃田園ではたまたま田植えの農作業をする多忙な時期にあたる。一家は総出で田園に出かけていくのだ。

この人たちの昼食は、女性たちが家で準備して農作業の現場にまで運んでいく。いまはこのような風景はほとんど見かけないが、朝鮮半島では古くは農村地帯の風物詩であった。

この食事にはいろいろなものが準備されるのだが、初夏の昼食にはサンチュのサㇺが欠かせなかった。サンチュのチシャで包んで食べるという方法は、料理類を持ち運ぶのにも比較的容易であり、屋外での簡便な食事にはちょうどぴったりのメニューだった。

一方、初夏は食料の端境期で、一年のうちで最も食糧が不足する時期であった。米などは貴重品、麦飯でもあれば立派なものである。しかし麦飯というのは、米飯とはちがい、ねばり気がなくぱらぱらして食べにくい。そこでこれをまとめていただく方法にサㇺ料理はうってつけだったのである。

かくしてサンチュサㇺは田園地帯の昼食として、広く朝鮮半島の生活に根を下ろしていった。このサンチュで包んだご飯をほおばり、腹いっぱい食べると農作業の疲れと共に眠気がもよおしてくる。それだけではない。この昼食時にはどぶろくのマッコㇽリが飲まれるのが普通なのだ。マッコㇽリのことを農酒《ノンジュ》と呼んだくらいである。

かくしてこの酒とサンチュサㇺは疲れた体を眠りに誘い込む。そして、田園の木陰あたりでぐっすりひと寝入りして、疲れをとってからまた一仕事したものである。

むかしから、サンチュを食べると眠くなるということは、経験的によく知られていたのだが、実はサンチュには眠気をもよおす成分のあることが分かってきた（一四一頁）。そのために一般にサンチュやサンチュサムは朝食では用いないのが普通である。食事をとってひと休みできる昼食か、夜にいただく方が都合はいいのである。

食べ方がまた庶民的である。サンチュサムは家族たちが食卓を囲んでいただく、団らんの食事法でもある。それは格式張ったものではない。採りたてのサンチュの葉を盛ったざるを食卓の中央に置き、各自が手頃の大きさの葉を左手にのせ、ご飯を匙ですくって、匙を裏返すようにして葉に盛り、さらに匙で調味料のサムジャンをご飯に合わせる。合わせるというより、すり込むという表現の方が正しいかも知れない。

右手の匙はいったん食卓に置き、両手でサンチュの葉を包み合わせ、大きく口を開けて、押し込むかのようにほおばる。何とも、気取らない食べ方ではある。サンチュの葉が小さくて、ご飯を包むのに十分でないときは、二枚、三枚と重ねて、ご飯を盛る。

大きく口を開き、両手を使い、頰をいっぱいふくらまし、もぐもぐといただく食事法は、食卓を囲んだ人の気持ちをリラックスさせてくれる食事そのものといえるだろう。

家族同士や親しい人たちとの食事には、このサンチュサムはよく食べられる。ご飯であれ、焼肉であれ、サンチュで包んで食べる場は、もっともくつろいだ雰囲気の場となることは、今でも変わりない。

匙文化圏から生まれたメニュー

サムパプの味を演出するのは、ご飯の上に合わせるが如く、すり込むサムジャンであり、サム用の調味料そのものであろう。

ジャンとはみその意味だが、この場合は調味料のことをいう。サムジャンのレシピはとくに決まってはいないし、好みでつくればよいのだが、一番ポピュラーなのは、コチュジャンのトウガラシみそ（八七頁）である。辛味の利いたみそ味は、生野菜にぴったりだし、ご飯の淡泊な味にアクセントをつけてくれる。古くから「サンチュサムにコチュジャン」という諺《ことわざ》があるくらい、サムご飯にはトウガラシみそはつきものだとされているのだ。

このサムジャンをさらに凝ったものにする知恵も多く見られる。

みそ味とトウガラシの辛味に各種の味を加えて、より複合した味を出すのだが、とくにうま味を出すために、肉汁、塩辛のエキス、魚の干物を粉にしたもの（例えば、かつお節やいりこ類）を合わせる。しょうゆを加えても結構。このようにうま味を強調したサムジャンは辛味を落とすことがポイントになるのだが、辛い味に馴れ切っていない子どもさんなどにはこのサムジャンは、食べやすい薬味となる。サムジャンを使わず、焼肉の一切れ、魚の煮汁のひと匙を調味料として使ってもおいしく食べられるだろう。焼肉店で出されるサムジャンには辛味を落としたものが多い。日本風に味がアレンジされたものとみてよいだろう。

サムパプはサンチュのチシャ、サニーレタスだけが材料になるわけではない。身近な材料を応用してご飯にサムジャンを合わせれば、それがサムパプなのだ。ゆでたキャベツ・海藻のワカメなどにもご飯を包んで食べる。エゴマの葉（一四三頁）も用いられ、韓国の一部の地域では、大豆の葉も使われる。カボチャの葉もサムの好材料となる。カボチャのつるの先端の方、未だ葉が幼くて柔らかいところを軽くゆでて、葉の面のトゲトゲを除けば、これがサムの材料になる。ご飯を包んでほおばると、カボチャの葉が口中でとろけるように柔らかい。この味をサムパプの絶品とする人もいるくらいだ。このように何でも包む材料にしてしまうという知恵は、匙文化そのものといえよう。

箸でご飯をいただく文化ではこのような食べ方は生まれない。箸でご飯をつまみ、それをまとめて何かに包みこむというのは難しいからだ。材料にご飯なりを包んで、味つけのサムジャンをのせるのは、匙である。匙に取ったサムジャンは、匙を裏返してご飯に塗りつける。そしてくるんでほおばることになる。ご飯をいただく文化圏の中で、箸よりも匙を使いこなす朝鮮半島特有のメニューなのだ。匙は古くからあったが、金属製の匙が庶民の手に貴重品として普及するのは十九世紀初め頃からとされる。それまでは上層階級には匙はあった。サムジャンも初めは辛くはなかったが、十九世紀初めぐらいからコチュジャンが出はじめて辛くなっていく。

ひとつ、サムパプにまつわる哀話が残されている。

それはモンゴルによって支配された高麗時代の十四世紀末の話。高麗の王子は「人質」として祖国を離れて元の国の都で生活することになっていた。この王子に仕える女官たちが故郷を離れて異国で生活することになる。言葉もうまく通じず、生活習慣も違うところで、とりわけ食生活では困っていたようだ。遊牧民族の食生活が、農耕文化の食生活と合うわけがなかったからだ。宮中の生活で食べ慣れたサンチュの味が忘れられず、女官たちは囲われた宮殿でこのサンチュを植えたのだった。故国から持ってきたサンチュの種子を播《ま》いて、それが育つのを楽しみにしていたという。米のご飯を何とかつくり、それを包んで食べては、なつかしい故郷を偲《しの》んだ哀《かな》しい詩が残されている。遊牧民族の肉食文化の生活の中に、わずかに農耕の生活文化の香りをかぐ、若き女性の心情が伝わってくる。

薬飯（ヤッパプ）

甘くつややかなご飯

別名に薬食《ヤッシッ》とも呼ばれる。ご飯の中では最高級の飯であり、目出度いことのあるとき、大切なお客様をもてなすときにつくられることが多い。焼肉店ではめったにお目にかかることはないが、高級な韓国家庭料理を売り物にしている店などで、たまにみられることがあるようだ。

薬飯は、糯米《もちごめ》に栗、棗《なつめ》、蜂蜜、松の実などを混ぜ合わせて蒸し上げたご飯、糯米を水によく浸けたものを蒸籠で蒸す。これに先ずゴマ油をよくまぶし、米粒が互いにくっつき合わないようにしてから、蜂蜜、砂糖、棗の種子を抜いたもの、皮をむいた栗を小さく切ったもの、桂皮（シナモン）の粉、松の実を加えていく。それに味の濃いしょうゆを混ぜ合わせて、味をととのえ、時間をかけて湯煎《ゆせん》する。これが伝統的な薬飯のつくり方の典型だが、現在はかなりアレンジされてつくられている。

私が初めて実際に薬飯を食べたのは一九六二年頃だったと思う。当時朝鮮大学校（東京・小平市）の学長をしておられた李珍珪先生のお宅でいただいた。赤飯を濃くしたようなツヤのある色合いが食欲をそそり、糯米の柔らかい歯触り、口中に広がる甘味がすごく心を豊かにしてくれた、という印象が脳裏に焼き付いている。こんなデラックスなご飯があったのかと内心驚いたように記憶している。筆者の育った家庭環境では、こんな高級料理はなかったのである。ただご飯というには「甘すぎる」というイメージは残っている。

この薬飯を滋賀県立大学の「嗜好と調理」の実習項目に取り上げている。ごく一般的な韓国の薬飯づくりのレシピに基づいてつくらせているのだが、試食をした学生達からは甘すぎるとの意見が多かった。いまは、レシピの蜂蜜なり甘味料の量を思い切って減らしているのが実情である。

糯米、蜂蜜、ゴマ油、シナモン、松の実、棗、栗などは同じなのだが、砂糖で甘味を出すのに黒砂糖を使ったり、甘納豆で甘味と豆の味を出す方法もある。はじめから甘露煮をした栗を使うこともあるし、棗が手に入らないときは干しブドウなどが代用されることもある。

糯米を水に浸して蒸してから、各種の具を加えたものをさらに蒸して仕上げる。伝統的な方法は湯煎だったが、いまは蒸し器が一般的である。

このようなご飯のどこを指して「薬飯」と呼ぶのかは、材料が貴重だからとされているのだが、元来、朝鮮半島の食べものに「薬」の字はよく使われている。いわゆる「薬食同源」の思想の反映である。

しかし、もう一つの理由がある。それはこのご飯に、蜂蜜が使われるからなのだ。「わが国では蜂蜜をよく薬という。それで蜂蜜酒を薬酒といい、蜂蜜飯を薬飯といい、蜂蜜でつくった菓子を薬菓という」と文献にも見える（『雅言覚非』丁若鏞、一八一九年）。とはいえ現代の人たちの薬飯の受け止め方は、各種の材料が多く混ざり合った「健康に良い」飯ということのようだ。

カラスの恩返し

薬飯の起源といわれる故事が『三国遺事』（一二八六年）の記述にある。三国時代の新羅《しらぎ》の国に炤知王《しょうち》という王がいた。即位して十年（西暦四八九年）の一月十五日、行幸の途中に一羽のカラスがくわえた封書を王の前に落として飛び去っていった。

臣下に封書を開けさせたところ、中の紙には、「直ちに宮中に戻り、内殿別室にある琴箱を射よ」と文が書かれているではないか。

王と臣下の一行は顔色を変えて宮殿に戻る。

この頃、内殿にいた王妃は大王の行幸した間に乗じて、隠れて親しく近づけていた臣下と組んで、大王を殺して、王位を奪い取ろうという陰謀を企て、その日取りまで決めていたのであった。

カラスの知らせで宮殿に戻った炤知王が内殿の琴の箱を矢で射ると箱はふたつに割れて、そこには王妃と逆臣がいた。直ちにこれを処刑し、王は危うく難をのがれたのだった。

炤知王はこのカラスの恩をどうしたものかと考えた。人間であれば、高い役職を与えるなり、望みをかなえてやることが出来るのだが、物言わぬ鳥のこと、ただ餌でその恩返しをするほかなく、この年から一月十五日になると薬飯をつくって、カラスに食べさせるよう宮中はもちろん一般の人々にまで命じたのであった。

このときカラスに与えた薬飯とは、糯米のご飯だったとされる。この時代、糯米だけのご飯は高級なもので、一般には余程のことがない限り口にはできなかった。時代が下るにつれてこのご飯にゴマ油、蜂蜜、松の実、栗、棗が加わっていくことになる。

この風習は現在にまで形を変えて伝えられてきた。この故事は時代を下って各種の歳時記にも出てくる。『東国輿地勝覧』（一四八一年）、『芝峰類説』（一六一四年）などにも薬飯の説明が出てくるのだ。また『屠《ト》門大嚼《ムンテジャッ》』（一六一一年）は、当時の朝鮮各地のおいしいものを列挙した貴重な「食物誌」といえるものだが、それにも薬飯が登場する。「一月十五日、カラスに食べさせるのは、東京（現在の慶州《キヨンジユ》）の古い風俗であるが、中国人がこれを好んで、真似てつくり、〝高麗飯〟といって味わっている」

いまの慶州は古代の新羅の都であったところである。

当時の中国にまで、この薬飯が知られるようになったのは、中国に行った政府の使臣たちが、一月十五日になると必ず料理人に薬飯をつくらせ、一緒にその味を知ったからだろうといわれている。それほど古くからよく知られ、食べられたご飯なのだが、現実には、ちょっとちがったご飯が薬飯扱いされることがある。五穀飯というのがそれである。

五穀飯

五種の材料すなわち、米、小豆《あずき》、大豆、黍《きび》、粟など、五穀と呼ばれる素材を用いて、炊いたご飯である。正月に一月十五日の節食（必ずつくって食べるもの）としていただいたものだ。

五穀飯をいただくこの風習も古くからのものである。いまは五種の材料は必ずしも限定されたものではなく、大麦、糯米、その他の雑穀も使われるが、ともかく五種のものがあれば、五穀飯と呼ばれる。

この五という数字にこだわるのは、陰陽五行の思想からきている。自然界に存在する五色とは、青、赤、黄、白、黒のことだが、五色の食材を等しく摂ることが自然の摂理にかなうというわけである。五味とは、酸、苦、甘、辛、鹹（塩）を指す。このような思想から健康によいとして「理屈っぽく」つくられたご飯だから、これを薬のご飯としても扱うのである。

こうした考えがあるので、先の蜂蜜入りの薬飯も、材料が多く混ぜ合わさっているから薬の飯なのだと受けとめられることになってもいるのだ。

しかし、いずれにしても健康によいご飯が、どのようなものであるかを、常に生活の中で意識していることが、このような文化を生み出すと考えてよいだろう。

薬飯、五穀飯とは同じではないが、米を中心に各種のものを混ぜて炊くご飯が多くあるのも、朝鮮・韓国料理の特徴である。代表的なものは、ピビンパプだが、これは別に取り上げた（二〇八頁）。

五穀飯に似た麦ご飯や粟飯などつい数十年前までは貧しい人たちのご飯といわれたものが、いまは白米飯よりもむしろ貴重になってしまった時代だが、むかしの人たちの知恵から生まれた薬飯や五穀飯を、カラスのためでなく、私たちの、今日の健康のために食べてみてはいかがだろう。

粥類

粥《かゆ》のことをチュッと呼ぶ。粥は朝鮮半島では種類が多く、よく食べられるが、その理由は食事道具に匙が用いられるからだと考えてよいだろう。柔らかくて水分の多い粥を箸でいただくとなると、食べづらいのである。その中で高級なものをいくつか取り上げてみよう。

酒の前に松の実粥

チャッチュッ。チャッとは松の実のことである。この粥は香ばしい味がするのみでなく、その香りがまたよい。

この松の実は輸入品が一般のスーパーの食品売場でみられるのだが、このメニューを普通の焼肉店ではほとんどみかけることはないだろう。韓国家庭料理店のようなタイプの店か、高級料亭スタイルの店で、出してくれることがある。それは、これをつくるのにちょっと手間がかかるということ、材料の松の実が高価であるためと思われるのだが。

韓国の高級料亭では大抵、飲酒の前にこの松の実粥が出てくる。温かくておいしそうなので、つい口にしたくなる。日本での韓国料亭ではやはりこの類の粥が出てくる。空腹で酒をぐいぐい飲むよりも、少々腹ごしらえをしておくのが、胃腸にはいいことだと考えられているからだろう。酒を飲む前に軽くおなかに入れて、あとからの酒の酔いをマイルドにしてくれる役割が、この粥にあるからだとされている。

韓国式に最初のひと口の酒が焼酒《ソジュ》（焼酎）のような強い酒の場合は、これがよいのである。その意味では「韓国文化」のひとつといえなくもない。

この松の実は普通の松の木からは得られない。朝鮮五葉松という木になる松笠かられるものである。

この松の木は朝鮮半島全域と中国、シベリア、日本の関東、中部の一部の高山などに分布しているのだが、私たちの身のまわりで普通にみられる松とは、少々異なっている。普通は葉が二枚つまり針状のものが二本になっているのに対し、五葉松は五枚の葉を持っているのだ。日本の一部にも五葉松はあるのだが、ほかの松科の植物と混合交配をして純粋の五葉松の林が生育しにくいのと、木の数が多くないので、松の実を採取して利用するには至っていないのである。

朝鮮半島ではこの五葉松の林が成立している。直径一・〇〜一・五メートル、高さ二〇～三〇メートルに達する大木があり、樹齢数百年というのも珍しくない。樹齢が十～二十年くらいで、実をつけるようになり、五月に花を咲かせ十月に実を結ぶのだが、直径六～一〇センチ、長さ九～一五センチの卵形の松笠から、平均百粒くらい、あの松の実を採ることができる。

実の成分の六〇%を脂質が占めており、この松の実の成分価値は脂質にあるといってよい。松の実粥の味にこくが出るのはこのためである。

朝鮮半島では、この脂質成分の多いことを価値あるものと位置づけてきた。栄養をつける料理としての松の実粥は、病後の元気をとりもどさせるための食事、食欲不振の人の食べやすい食事などとして貴重なメニューとされてきたし、漢方薬としても「栢子」「松子」「海松子」と呼ばれて用いられている。一般には滋養強壮剤とされているが、気力旺盛、寿命延長に効果ありとされ、民間療法では、咳止め、便秘、痰切りに、この松の実が有効であると伝えられている。

他にも松の実は日本での「おこし」タイプの菓子によく使われているし、松の実飴はよく知られるところである。

大衆焼肉店ではお目にかかることはないが、高級焼肉店か家庭料理専門店のようなところで、飲酒の前か、後の軽食にぜひ味わっていただきたい。

冬至に、あるいは引っ越しに――小豆粥

小豆のことをパッと呼び、この粥のことをパッチュッという。

このメニューも朝鮮半島の粥としてはポピュラーなもので、松の実粥ほどの高級感はないが、生活の中での位置づけは高い。

したがってこの粥も一般の大衆焼肉店のメニューでは見かけない。高級焼肉店、家庭料理専門店の、それも一部の店で味わうことのできるものである。ただし韓国の飲食店では、小豆粥を味わうことは可能だ。

小豆そのものの色が赤いので、赤飯にしろ小豆粥にしろ、そして小豆のついた餅や饅頭は、概してお目出度いときにつくられるが、小豆粥は十二月の冬至の日には必ず食べられる「節食」である。冬至の日に小豆粥を食べる慣わしは、高麗時代からのものとされている。

小豆は赤豆とも表すが、この赤色は厄払いをしてくれるとの言い伝えがあり、冬至の日に必ず小豆の粥をつくる。これに糯米の粉でつくった小鳥の卵状の団子をいれるのだが、その芯にはむかしは蜂蜜が入れられていた。この団子を新年で迎える歳の数だけ粥にいれたのである。

冬至の日は亜歳《アセ》と呼んで、小正月の意味も持っている。冬至は一年でいちばん日照時間が短く、冬至を過ぎれば、また日は新しく長くなっていくので、この日を「正月」とも考えて亜歳と呼んだのである。新しい年に取る歳の数だけ団子を入れるという風習は、日本の正月の雑煮の餅の数を新年の歳の数と同じにするという関西地方の風習と共通しており、別な意味で興味のあるところといえる。

さて、この小豆粥をつくって祭祀の供えものともし、豆の汁を家屋の門の前に撒いて、疫鬼が門内に入らないようにするのが、むかしからの風習であった。やがてそれが変化して、引っ越しをして家が変わると、新しい家での家内安全のために小豆粥をいただくことが風習化してきているようである。いまも韓国では引っ越し小豆粥は、日本での引っ越しそば的な意味合いで、生活に根づいている。

定食屋さんでも、小豆粥メニューが見られるところもあるし、人の多く集まる市場では、小豆粥、カボチャ粥が屋台で必ず見られる。軽く腹ごしらえするのに格好のメニューとして庶民に愛されている。中国の吉林省に多くいる朝鮮族の市場でも、この小豆粥は人気メニューである。

よく五穀という表現がなされるが、これには豆類が含まれ、その中でも小豆は米・大豆に次いでランクされる貴重な食品である。

栄養成分でみれば、ビタミンB_1が比較的多く含まれている。これが精白米との赤飯や小豆粥となると立派な「薬膳」メニューになる。実際に民間療法では、「腎臓炎と脚気（B1欠乏症）の人は小豆を煮て食べるとよい」「二日酔いには小豆粥を食べるとよい」「産後の母乳の出がよくないときには、小豆粥を食べるとよい」などと言い伝えられてもいる。

面白い諺がある。同じ豆でも大豆は白く、小豆は赤い。誰がみても大豆と小豆は区別できる。ところが世の中には物事の区別をはっきりできない人がいるので、諺ではそのような人を指して、「小豆を大豆だと言っても、その通りに受けとめる」として揶揄《やゆ》するのである。それだけこの小豆は生活に密接に結びついた食べものでもある。焼肉のあとだけではなく、年越し、引っ越し、薬膳の意味合いをこめて小豆粥をいただいてはいかがだろう。

冷麺

いま大抵の焼肉店で、冷麺を注文することができる。とくに夏のシーズンにはこの冷たい麺は人気が出る。あの麺の適度な硬さの歯ごたえ、酸味とうま味、そして辛い味のスープは、冷たいがゆえに口中の喉《のど》ごしは何ともいえないさわやかさである。焼肉を食べて酒を飲み、仕上げに軽く冷麺一杯とは、暑い夏の楽しいパターンなのである。

朝鮮半島独特の麺

麺《ミヨン》のことをクッスとも呼ぶが、冷麺は朝鮮半島で育《はぐく》まれたユニークな麺食である。そして冷麺に限らず、この地の人は、大の「麺食い」なのだ。

古くから麺類は食べられたようだが、文献にみられる「麺」の字が、あの細長いものを指していたのかどうかははっきりしない。

例えば中国の使臣が高麗に滞在中に記した『高麗図経』（徐兢、一一二四年）には、「食味には十あまりの種類があり、その中で麺食を一番とした」という一文がある。これが麺という字の初出だが、はたして細長いものなのかどうかは分からないのだ。この時代の中国では小麦粉を指して麺としていたからである。

時代がずっと下って十八世紀末の朝鮮の文献『故事十二集』では「麺は本来、小麦粉でつくるものだが、わが国ではそば粉でつくる」とある。また十九世紀初めの『雅言覚非』では、「中国では麺といえば小麦粉を指していた。わが国では小麦粉を真末《チンマル》という。その後中国もわが国も〝麺〟とはクッスのことで料理名であると考えられているが、間違っている」と指摘されている。

結局のところ麺とはむかしは小麦粉を指していたもので、やがてそれからつくられる細長いものを指すようになり、朝鮮半島では、小麦粉に限定せず、そば粉由来のものなども、麺、クッスと呼ぶようになったらしいことが分かる。

細長い麺のつくり方は大きくは三つに分けることができる。

①手で引っ張って細長くするラーメン、そうめんの系列

②切り麺、つまり手打ち麺の系列

③押し出し麺、つまり冷麺の系列

ちなみに日本の麺づくり文化には①、②はあるが、③は見当たらない。朝鮮半島には、②と③はあるが、①に該当するものがない。そして中国にはすべてあるだけでなく、別な種類のものもみられるのである。

朝鮮半島では切り麺のことをカㇽクッスと呼ぶ。カㇽとは刃、包丁のことである。そもそも粉を練って手で引っ張るラーメンやそうめんの系列は、小麦粉が持つ粘弾性を生かしたつくり方である。しかし、朝鮮半島全体でみればむかしから北部では小麦の生産が少なく、貴重品だったようで、ためにカㇽクッスの主材料はそば粉であった。このそば粉は練ってもボロボロしているので、麺にするのには粘弾性のある粉で〝つなぐ〟ことが必要になってくる。そこで北部地方では小麦粉は入手しにくいので、小麦より栽培しやすく、使いなれた緑豆（赤い色の小豆とは色だけが緑で異なる）の粉でつないだのだった。

いまでも冷麺の有名な所は平壌《ピョンヤン》など北部地方なのは、このためである。

小麦粉とはちがって緑豆粉はデンプン質に富んでおり、さらさらした特性があり、そのため、そば粉を練って緑豆粉でつなぐとなると薄くのばして切り麺にするには適さない。ただし緑豆粉のデンプン質とそば粉が、熱せられて「のり状」になる性質を利用して、粘りけの出たそば粉と緑豆粉を組み合わせて細長くつくり上げるのが、圧搾《あっさく》法いわゆる押し出し法の麺なのである。

なぜ冷たい麺なのか

朝鮮半島の麺を代表するともいえる冷麺は、この押し出し製麺法から生まれるべくして生まれた知恵の結晶といえるだろう。

つまり材料をそば主体とし、貴重な小麦粉の代わりに緑豆のさらさらした滑らかな特性を利用して成形したのである。それを素早くのり状に固めるために、熱湯釜で受け、さらに冷水で急冷するわけだ。冷水でさらされた麺には特有のコシが出る。

このコシを生かすには温かいスープより、冷たいスープが良いにきまっているのだが、これにぴったりの汁が朝鮮半島の生活にはあった。それは冬沈《トンチミ》と呼ばれる水キムチである（一二六頁）。冬沈は冬の間に食べつなぐ野菜（ダイコン、白菜類）の保存法で初冬から翌春までの貴重な常備食品だ。地中にかめを埋蔵して漬け込む。

竈《かまど》の上に麺の押し出し器を備え、下の釜の熱湯に麺を落とし、冷水にさらしたあと、冬沈の汁に麺を入れる。冬沈の汁の味は発酵の酸味と適度の塩味、そして歯にしみこむような冷たさが特徴である。辛味はない。上に大根や菜を切って盛りつけ、ときには豚肉をのせることもある。

このような素朴なものが、本来の家庭の冷麺だったのである。さらにこの食べものは朝鮮半島の生活条件にも合っていた。

麵がつくられ、冬沈が漬けられる冬のシーズンは、屋内では温突《オンドル》の暖房生活を朝鮮半島では営む。外は厳しい寒さだが、室内にいれば汗が出るくらいの室温になることもある。そんなときには、かえってさわやかな食べものが求められるものだが、それにぴったりなのが、この冷たい汁の麵というわけなのだ。

肉水《ユッス》と呼ばれる肉汁のスープが麵のつゆになるのは、あとになってからである。『東国歳時記』（一八四九年）の十一月（旧暦）にも「冬の時食としてそば麵にダイコン、青菜の漬物を入れ、上に豚肉を盛りつけたものを冷麵という」とあり、旧暦十一月の歳時食として冷麵が指定されているのだ。

汁になる冬沈キムチも十一月に食べるものと記されており、冷麵はまさに朝鮮半島の寒い気候風土から生まれた食べものといえるのである。

ところが、いま焼肉店で冷麵の人気の出るのは夏場である。夏バテ予防の焼肉とあわせ、いまや夏の歳時食といえるだろう。

全国の学生三五〇〇名を対象に外来の料理の認識度のアンケート調査をしたことがあるが（一九九九年春）、冷麵という食べものを知っている人は八七%、その中で食べたことのある人は九一%にのぼった。が面白いことに冷麵と冷やし中華の区別ができないでいる人が結構いたのである。冷たくて麵なら何でも冷麵だと受けとめられているのだろうか。

冷やし中華は日本で考え出された、いわゆる冷やし中華麺であって、ラーメン系列の小麦粉からのものである。冷麺の本場が韓国であるとの認識を持っている方が多いのも事実なのだが、若い人たちの間では、そんなことには、あまり関心がないようにも思える。

このことは盛岡冷麺についてもいえる。盛岡は日本の冷麺の「メッカ」といえるくらい有名になっているが、盛岡冷麺を広めるきっかけを作られたのは、「食道園」という焼肉店店主の青木輝人（旧名楊龍哲《ヤンヨンチョル》）氏だった。今の北朝鮮の咸興《ハムン》で一九一四年に生まれた楊龍哲氏は一九三八年の二十四歳の時渡日し、戦後の一時期東京数寄屋橋にあった「平壌冷麺・食道園」で働く。ここで冷麺づくりの基礎を身につけることになる。彼の生まれ故郷の咸興は「咸興冷麺」で有名なところである。

咸興冷麺のおいしい味は知っていたが、商品冷麺に取り組んだのは、東京で働いたときが初めてであった。

食道園は繁盛していたのだが、オーナーが故郷の韓国に戻られたことから、盛岡で食道園の店名をそのままに受け継ぎ、冷麺づくりに取り組むことになった。盛岡で食道園をオープンしたのは、一九五四年五月のこと。当初楊氏は生まれ故郷の咸興冷麺の味を出そうとした。そば粉を主体に冷麺をつくるのだが、盛岡の人の味覚には受けなかったようだ。麵が黒ずみ、味に清涼感が乏しく、わんこそばになれた盛岡の人たちの口には合わなかったという。そこで数寄屋橋時代につくっていた小麦粉とデンプン質からなる冷麵を改良し、現在のような盛岡冷麵の基礎にたどりつく。

冷麵と焼肉の店、食道園は、初めはむしろ焼肉の方に人気が出て、来店者の多くは焼肉を目的とした。やがて焼肉のあとに冷麵をいただく人たちが増え、楊さんのつくる冷麵の味が評判になるのは一九五八～五九年頃からだった。この繁盛を知って、焼肉店が相次いで出店されるが、そこで必ず冷麵が出るようになる。そして焼肉料理の普及と共に、盛岡は冷麵のおいしい町として知られていくのである。

かくして今や盛岡は日本の冷麵のメッカになったのである。

麺類三種

結婚式に欠かせぬ温麺

温かいスープでいただく麺で、これに使われる麺は二通りある。ひとつはカルクッス、カルとは刃、包丁のこと、クッスは麺のことで、手打ち麺の方法で細長くしたものである。

この方法だと平たくのばして切ればよいので、小麦粉、そば粉のどちらが主体になってもいいのだが、朝鮮半島では南部の方がどちらかというと小麦粉主体のカルクッスが多いといえる。

北部の方でも同じカルクッスを温麺にするが、冷麺をつくるときの押し出し麺を温かいスープで食べる温麺タイプになることが多いようだ。

今でこそ麺食を一食扱いすることが一般だが、ひとむかし前までは、ご飯をいただいたあとにも「麺の入る腹は別にあり」として、麺類を食べたものだ。

とくに冠婚葬祭などで人の多く集まるところの「集団食」には、この温麵が便利な食事となっていた。

男性が結婚するときにもてなすメニューのひとつに、必ずこの温麵類があった。人が多く集まるときには、親族はもちろん、近隣の人が互いに協力し合うのが儒教文化の習俗でもあった。多くの人が食事づくりの作業をするには、リーダーが必要で、親族の中から選ばれるのが通常である。食材・食器・調味料類までの使用をまかされて料理作りを取り仕切ることになる。来客の状況を把握しながら、臨機応変に「流れ作業」の出来るのが、麵料理なのである。

ゆでる、具をのせる、スープをかけるで、スピーディに仕上がり、食べ終わった片づけもひとつの食器を洗うだけで簡単である。結婚式などでの接待メニューのひとつにこの温麵類は欠かせないものだった。このようなことから、未婚の男性に対して「いつククスを食べさせるのか」ということは「早く結婚しろ」という催促を意味するくらい、結婚式の「行事食」となっている。

冷麵は冬の屋内で食べると、その味わいが生きて来るし、夏なら屋外に向いているだろう。

結婚式のたぐいは夏には少なく、春秋の季節のよいときに行われる。

多くのお客様が家庭を訪ね、屋内に入り切れず、外で立ち食いということもしばしばだった。

そのようなとき、臨時の大きな釜を据えて麺スープを沸かし、素早く食器に麺を入れスープをかけて接待する。多人数の方に食べてもらうのには、都合のよい料理である。昨今は、韓国などでは結婚式も簡素化されたが、往年には幾日もかけての祝いの行事が普通だった。とくに農村地域では、そのような風景がよく見かけられたものだ。

韓国のレストランなどで出てくる温麺の麺は冷麺式のもので、スープは獣鳥肉から取ったものが基本である。

日本の焼肉店や韓国家庭料理店で出てくる麺は、ときにはそうめん、きしめんなどの日本の麺が材料になっていることがあるようだ。

ファストフードの感覚ピビン麺

ピビンとは混ぜることつまり混ぜ麺のことで、肉汁にくぐらせた麺に薬味と具を混ぜたもので汁はない。

ご飯にピビンパプ（二〇八頁）があって、骨董飯《コルトウンパン》とも表すが、麺も同じく骨董麺《コルトウンミヨン》と呼んでいた。

先の『東国歳時記』の十一月の食べものに冷麺と共に記載されている。

「またそば麺に雑菜、梨、栗、牛肉、豚肉、ゴマ油、しょうゆなどを入れて混ぜ合わせたものを骨董麺という……〝骨董〟とは混ぜ合わせるという意味である。いまの雑麺（ピビン麺）は、このようなものである」とされている。韓国では手早く食事を済ませるのにこれがよく食べられる。出す方も出来合いのゆで麺に各種の具を合わせて出せばすぐだし、食べる方も汁がないだけ、箸だけで簡単に済ますことができるので、カウンターに腰掛けてファストフード的な感覚で利用されており、日本の駅前の立ち食いそばと似ていて、韓国で手軽に体験できる食文化である。

汁なしのピビン麺だが、同じ汁なしの日本の盛りそばの類と違うところは、すでに味がついていることである。

日本では「めん」と「つゆ」が分離した汁なしであり、結局は箸で麺をつゆにつけていただく。つまり箸文化の結果である。

ピビン麺も箸を使うが、すでに味がつけられているということは匙で汁をいただくことになっていた匙文化の変化したものとみてよいだろう。麺の食べ方に表れた箸と匙の文化の違いが、このピビン麺でも確認できるのである。

辛味をたっぷり利かしたところが、またこのピビン麺の特徴である。

この辛い味を演出したピビン麺が、いま日本の焼肉店でもみかけるようになってきた。麺も韓国と同じくやや細い形だが、歯触りからはどうやら小麦粉が多く使われているようだ。

汁がないといっても肉水《ユッス》(肉汁)にくぐらせているので、うま味はちゃんとついている。麺量を少なくしたピビン麺が受けるのは、カロリーオーバーにならないということと、辛味の強さがダイエットにきくという「神話」が影響しているのかも知れない。

冷麺と共に汁なしのピビン麺は、これから広がっていく食べものとみている。

麺とほうとうとすいとん

麺は細長い線状のものだが、この類に属するものと考えられるのに、ほうとうとすいとんがある。ほうとうは今はうどん状の平べったいものであるが、これは指の先で伸ばしたものから変化したものである。

小麦粉を練って手のひらで鉛筆くらいの太さの長いものをつくり、それを親指と人差し指で平べったく押さえながら伸ばしたものとされる。中国がルーツで餺飥《はくたく》とされるものである。この「はくたく」が「ほうとう」へと変わって来たのである。

朝鮮半島にはこのタイプそのものは見当たらないが、「カレトッ」と呼ばれる餅が類似している。ウルチ米のシトギ粉を蒸して練って棒状のものをつくる。これを斜め切りにして「トックッ」をつくるのだが、餺飥の変化したものと見られなくもない。

餺飥の変形というか類似したものにすいとんがある。これは指先で伸ばすのではなく、ちぎってしまうところが違う。でも親指と人差し指を使う麺料理という点が共通といえよう。

朝鮮半島にもあり水低飛《スジエビ》と呼ばれている。温かいスープで食べる麺料理である。

酒と塩辛

술, 젓갈

焼酎（焼酒）

庶民の酒

いま日本では韓国の焼酎の人気は高く、焼肉店以外でもよく飲まれる。焼肉の後口の酒としてはビールがよく合うとされるが、肉を味わったあとに、焼酎の淡泊な味をひと口流すのも、これまた何ともいえないおいしさだ。韓国製の多くはアルコール度数が二二〜二三％くらいなので、ストレートでも、水割り、お湯割りでも、肉をおいしくいただくのに都合がよい。口中を洗い、少し刺激のある喉ごしが焼肉にぴったりだ。

韓国で酒類の消費量のトップはこの焼酎である。二〇〇〇年現在、消費量の約六二％が焼酎、約二〇％がビール、濁酒のマッコルリが一〇％未満で、残りがワイン、ウィスキー、清酒の類である。

つまり韓国は焼酎が庶民の酒なのである。この傾向は北朝鮮も全く同じである。ただ北朝鮮の場合はアルコール度数がもっと高くなっている。

では、どうして焼酎が大衆の酒となったのかを振り返ってみたい。焼酎のことは焼酒《ソジュ》と呼ぶ。すなわち火で焼いた酒という意味である。

朝鮮半島の酒の歴史は古く、農耕の行事や祝い事で酒はよく飲まれていた。

古代の三国時代のことを取り上げた『三国史記』（一一四五年）、『三国遺事』（一二八六年）に酒の名が出てくる。「旨酒」「美醞」「醪酒」などの用語がみられる。「旨酒」「美醞」などは上等の酒のことのようで、「醪酒」は濁り酒のようなものを指したらしい。上等な酒とはアルコール度数が高い「清酒」タイプのようなもの、濁り酒は「マッコルリ」の類と考えてよいだろう。

『高麗図経』（徐兢、一一二四年）には、「王之所飲日良醞在庫清法酒亦有二品」と記述されている。王の飲むものは毎日良い醞《さけ》で在庫には清酒と法酒の二種があるとの意味だ。法酒《ポプチュ》は韓国に行かれる日本の観光客にはなじみのある酒ではないだろうか。例えば「慶州法酒」は透明な清酒で、日本酒と変わらない。この時代なので完全な透明酒だったかは分からないが、アルコール度数が高いということで、ある程度澄んでいた酒とみてよい。

同じく『高麗図経』では、「庶民が良醞署でつくられた酒を得るのは難しく、味が薄く色の濃いものを飲んでいる」とし、「慶事のときに飲む酒は甘味があり、色が濃く飲んでもあまり酔わない」と評している。

これがいまの「どぶろく」に属するマッコㇽリの類とみられる。

このように醸造した酒は「清酒」と「濁酒」の二つに分けられていた。

このような酒文化があったところに、外から蒸留酒つまり焼酒が入ってくるのである。

十四世紀、蒙古が朝鮮半島への侵入を繰り返し、ついに支配するに至る。このときに多くの生活文化が流入することになるが、酒を蒸留する技術が伝わることになる。

いまでも地方によっては、焼酒のことを別に「アレギ」「アラン酒《ジュ》」「アラッ酒《チュ》」などと呼んでいる。これは蒙古語の「アラギ」の語が作り方と共に、朝鮮の地に根を下ろしたことを意味しよう。

韓国の慶尚北道《キョンサンプクト》の安東《アンドン》には伝統の名焼酒があることで知られている。この地方ではいまでも「アラッチュ」との呼び方がされる。安東は蒙古軍の駐屯拠点であったところだからとされている。

焼酒が朝鮮の地に知られ出したのは、「貴重品」であり、「薬」としてであったが、北部地方の寒いところを中心に十六世紀頃から広まりが早まる。しかし材料と費用がかかるのでぜいたくな酒ということになっていた。

十七世紀半ば頃、すでに上層階級では食べものづくりの書に、焼酒のつくり方が詳しく記されている。

「真露」の名は焼酒のつくり方から

焼酒が広く飲まれてくると、焼酒づくりの道具に工夫がみられる。ごく簡単に家庭でつくる場合は、釜、甑《こしき》と釜の蓋（鉄製の山なりになったもの）で十分であった。醸造された酒をそのまま釜にぶち込み、釜の蓋を裏返してかぶせる。蓋のつまみの部分の下に容器を置く。竈《かまど》に火をつけ熱する。裏返った釜蓋に冷水を張っておく。こうすると熱せられた釜からは、アルコール分が蒸発し、気体状となり、冷たい釜蓋にあたっては露となる。露となった液体アルコールは蓋の傾斜にそって垂れてくる。蓋のつまみのところで、ポタ、ポタと落ちて容器にたまる、ということになる。これを集めたのが焼酒である。

朝鮮半島では、焼酒をつくることを「焼酒《ソジュ》ネリンダ」とも言い表すが、この露が垂れる（ネリンダ）の様子からきた言葉である。

焼酒の呼称は伝来語の阿刺吉《アラギ》のほかに火を使うので火酒《ファジュ》、無色透明なので白酒《ペッチュ》、気体になるので気酒《キジュ》、露となって垂れるので露酒《ロジュ》とも呼ばれた。蒸留するという特徴から、それぞれつけられたものだ。日本で人気のある韓国の焼酒に「真露《ジンロ》」と名付けられているのがあるが、これはまさに「真」の「露」、つまり焼酎ということを指しての語とみてよいだろう。

ほかにも絹の衣の感触を指す「緋緞《ビダン》」というのもあるが、これはつくり方からではなく、飲み心地から名付けられたものだろう。

焼酒づくりの道具のことは「古里《コリ》」と呼ばれていた。土でつくられたものは土古里《トコリ》、鉄のは鉄古里《セコリ》、銅は銅古里《トンコリ》と呼ばれ、朝鮮半島の各地で、特色のある名焼酒が生まれていたのである。

朝鮮は二十世紀初頭に、日本が植民地支配するまでは、酒づくりそのものは自由であった。各家庭が自分の分相応に多様な酒をつくっては飲んでいたわけで、結果としては、清酒、濁酒、焼酒、薬用酒などがきわめて多種みられた。これを家醸酒《カヤンジュ》文化と呼んでいる。

ところが、一九一〇年の「韓日併合条約」の後に公布された一九一六年の酒税令によって、家醸酒は禁止されるわけである。

結果は、朝鮮各地の小規模ながら多種あった酒づくり文化は消えてしまうこととなったのだ。

やがて一九四五年の八月に日本が第二次世界大戦で敗戦となり、朝鮮は植民地統治から解放される。酒造業は活発化するが、折からの食糧不足で、米穀の使用が制限され、酒造原料は多様化することを余儀なくされる。デンプン質を含むイモ類、それも輸入の安いタロイモなどが焼酒原料となるのだ。一方、穀類を材料とする濁酒のマッコルリも米で作られず、輸入の小麦粉などで醸造されるようになる。

つまり日本の植民地から解放されはしたが、酒事情は元に戻るどころか、別な方向へと進まざるを得なくなってしまったのである。米でつくられるマッコルリの味を忘れて、小麦粉のマッコルリで酔いを楽しむか、蒸留アルコールを希釈した、いわゆる甲種の焼酒で満足するしかなくなったわけである。

ビールは高くて手が出ない。アルコール度の低いマッコルリはまずくて酔いが遅い。安くてまわりが早くて酔い覚めもすっきりする焼酒が、庶民の酒となるのは当然の成り行きだった。

やがて韓国では食糧事情が良くなってくる。一九八〇年に入ると米に余裕が出ることによって、「米のマッコルリ」もつくれるようになり、焼酒づくりにも、昔の伝統焼酒つまり乙種のものも認められるようになり、米を使うものも出てくる。

ところが「慣れ」とは恐ろしいものだ。甲種の焼酒に飲み慣れた人たちが殆どなので、伝統の焼酒よりも、飲み慣れた二三～二五％の焼酒が圧倒的に消費が多くなっているのが現状なのである。

マッコルリ、清酒

甘味と酸味の「濁酒」

「マッカリ」と呼んでもいるが、正しくはマッコルリである。日本では「どぶろく」とか「濁り酒」とかで呼ばれている。

近年、韓国からの輸入が盛んで数種のマッコルリが、焼肉店のみでなく、居酒屋などで結構人気があり、愛好者層に受けているようだ。なかには焼肉の本場が韓国なので、本場の酒のマッコルリが焼肉と飲まれるべきものだと思い込んでいる人もいるようなのだが、そんなことを意識する必要はない。日本の酒造メーカーでも生産している。焼肉の脂っこい味にはさっぱりしたさわやかな味の酒類が合うと考えるのが一般だろう。

マッコルリのアルコール分は大体六％前後でビールより一〜一・五％ほど高いだけで、ほぼ似ているわけだ。濁っている分だけ、味にはこくがあるのだが、甘味と酸味が共存するのが特徴である。よく冷えたマッコルリは、肉膾《ユッケ》（二三一頁）やセンマイ（六一頁）などに、よく合う味わいとなるだろう。

いま日本に輸入されているマッコルリは米が主原料になった「米マッコルリ」である。それをあえて言うのは、つい近年まで米が原料ではなく、小麦粉などが使われたマッコルリ時代が数十年続いたからである。

食糧が原料となることから酒造に穀類を使わないようになったことはすでにふれた。米に余裕ができてから、米を使うマッコルリが、出回るようになったが、そのつくり方は、かならずしも伝統的なマッコルリ法とはいえない。

マッコルリのつくり方

濁った酒をマッコルリと呼ぶのはどういう意味か。「マッ」とは、「粗雑に」とか「一緒くたに」などの意味。「コルリ」とは「漉《こ》す」との意である。「粗雑にひとつにして漉す」酒との意味なのだ。

伝統的な酒造原理にふれねばなるまい。

朝鮮半島の酒の麹《こうじ》は、麦から作った麦麹である。ヌルッと呼ぶ。生の小麦を砕き、皮ごと水で練って固めたものである。日本の米の糀《こうじ》とは違うのが特徴。米のご飯に米の糀を合わす日本の酒造とは違い、米のご飯に麦の麹を合わせて醸造したものは、硬い麦の皮が残るのでこれを漉さねばならない。酒の発酵が終わるとこの皮や米の粕などは自然に底に沈澱し、上面の方が澄んでくる。このとき上澄みの方を「清酒《チョンジュ》」と呼び、上澄みを取った残りの沈澱部の方を「濁酒《タッチュ》」とする。本来はこれが濁り酒なのである。ところが、その自然分離をさせないで、上も下も「一緒に」合わせて漉したのが、マッコルリなわけである。漉したのには麦の皮は含まれていないが、米の粕は濁ったまま含まれている。これも濁り酒で「濁酒《タッチュ》」と呼んではいる。

このマッコルリタイプの酒は、大体が一回仕込みの酒であって、醸造期間は長くなく、アルコール度数も高くない。

先にふれたが、二十世紀初めの日本の植民地統治時代の酒税令の発布により、家庭での酒づくりが禁制になった。それでもそれに抵抗するかのように隠れた酒造は半ば公然と行われるが、その酒は、すぐに飲むことのできるこの速成酒マッコルリタイプのものだった。

結果として伝統的に多くあった朝鮮半島の家醸酒《カヤンジュ》は表には出ずに、マッコルリがあたかも、朝鮮半島の「代表酒」のようになってしまうことになった。こうして日本の敗戦後も、朝鮮半島の食糧不足によって「本物」マッコルリが復活しないまま、小麦粉マッコルリが商品化されて、飲まれ続けてきた。

いまようやく米の消費に余裕ができて「米マッコㇽリ」が、飲まれるようになったが、これとて伝統的なマッコㇽリとは言い難い。材料の麹が小麦を砕いたものではなく、小麦粉そのものを蒸してカビをつけて麹としたものである。とくに日本に輸出されるような工場生産のものは、嗜好的にもさることながら、醸造工程上、小麦粉麹の方がつくりやすく、品質管理しやすいのである。その意味では、昔のマッコㇽリよりも味も品質も優れたものが商品となっている。商品名もストレートに「サㇽマッコㇽリ」というのがある。サㇽとは米のこと。ひとむかし前の小麦粉のみでつくった酒とは異なるというのが、この酒の強調したいところであろう。小麦粉麹と酒米の比率は、約二対八である。

「トンドン酒」というのがある。マッコㇽリタイプの濁り酒ではあるが、これはよく知られた酒である。トンドンとは「浮き上がってくる」様子のことを意味する。酒が発酵するとガスが発生する。そのとき下から湧き上がるように、米の粒の抜け殻が浮いてくる。米粒の成分はアルコールに抽出され、粕が形をくずさずそのまま浮くのである。この状態から「トンドン酒《ジュ》」、「トンドンスㇽ（スㇽとは酒）」と名付けられた。

また米の抜け殻の形がちょうど蟻《あり》の蛹《さなぎ》のように見えることから、別名「浮蟻酒」と呼ばれてもいる。

このトンドン酒がマッコㇽリとして味の良いことでポピュラーなので、マッコㇽリそのもののことをトンドン酒と呼んでいる人もいるくらいである。

清酒

ここで濁り酒でない清酒のことにふれねばならない。韓国旅行の土産店などでよく見かける酒だが、日本の焼肉店や韓国家庭料理店などでは滅多に見かけない。日本の清酒と同じタイプの酒が古くからあったのに、それが日本の植民地時代に消されてしまったためである（二五八頁）。つくり方は速成酒のように一回仕込みではなく、二回、三回、特殊なのは四回仕込みのものもあった。

日本酒は三回仕込みが通常であるので、全くつくり方としては同じ文化であったわけだ。ただ麹の種類が違ってはいた。アルコール度数もほぼ似たものである。出来上がった酒の味には麹の違いによる差がある。例えば代表的な清酒の法酒《ポプチュ》は、甘味と微かな渋みのような味がする。日本酒を飲みなれた人には、あまり合う味ではなさそうである。韓国の人たちでも、この味を良しとする人はそう多くない。味のさっぱりした焼酒を飲み慣れているからだろう。

だが、誰もが伝統の高級酒だと受けとめている酒ではある。こうなったのも長い間、この酒が表舞台から消えていたからに他ならない。

法酒とは、「定められた方法によって醸された濃厚な酒」ということで、宮中や寺院の仏事祭祀用に使われる官製の酒を意味したようである。中国にも法酒の名が見られる。朝鮮半島では有名な寺院の周辺でつくられた酒を「法酒」と呼んでいた。なかでも新羅の都であった慶州《キョンジュ》の法酒が一番よく知られている。韓国の慶州を訪れる観光客用につくられた慶州法酒が、法酒が日本に知られるきっかけになったものとみてよいだろう。

このほかにも清酒タイプのアルコール度数の高いものがあるが、今のところ消費量はそう多くない。それは、いったん表舞台から消え、忘れられた味の酒が甦《よみがえ》ったということである。しかし、焼酒とマッコルリ、さらにビール、ワイン、ウィスキーなどになれた人たちは、そう簡単に受け入れないのである。

薬用酒も多くはないが生産されている。漢方薬を主材として焼酒で成分を抽出するものである。もっともポピュラーなのが高麗人参を用いた人参酒。健康酒として人気のある酒だが、ほかにも鹿茸《ろくじよう》などを使った「強精」をうたったものなども古くから愛飲されている。

一方では別の意味での酒の多様化が進みつつある。焼酒ストレートではなく「合成」したもので女性や老人が飲みやすい酒などが出回るようになってきた。焼酒も変わるし、マッコルリももっと変わるかもしれない。

辛子明太子とチャンジャ

博多名物の「ルーツ」

塩味が適度に利いて、タラ子の粒々のなめらかな感触とともに、トウガラシの辛い味がピリッと伝わると、もうビールの味が欲しくなる。

この辛子明太子《からしめんたいこ》がときどき焼肉店、韓国家庭料理店のメニューでみられる。博多名物のこの辛子明太子、ルーツは朝鮮半島にある。朝鮮半島では明卵《ミョンナン》ジョッと呼ぶ。ジョッとは塩辛のことである。博多出身の方がいわゆる戦時中に朝鮮の釜山《プサン》の生活でこの味を知ったのである。

戦後に博多に戻って、この味が忘れられなくて自分で作って売り出したのが始まりである。九州の博多地方は辛子明太子の材料になるスケトウダラの捕れるところでは決してない。北海道産のタラの子を取り寄せて「朝鮮式」に粉トウガラシで味つけして、日本になかった食べものを商品化したのである。

名前の付け方からもそのことはよく分かる。

辛子明太子の辛子はトウガラシのことである。明太とはスケトウダラの朝鮮語読みである。朝鮮語では明太《ミヨンテ》、凍太《トンテ》、江太《カンテ》などと呼ばれるが、釜山地方では明太《メンテ》と呼ぶ。当時は日本語に直して明太《メンタイ》と呼び慣わされていた。正しい日本語なら明太《みようたい》なり、明太《めいたい》なりになるべきが、明太《メンタイ》と呼んでいること自体がすでに朝鮮語由来の食べものであることを示している。

子とは卵のことである。これはすでに日本でも古くから利用されていた。タラ子、タラの子と呼ばれていたものである。それには辛いトウガラシやニンニクなどは使われていなかった。

博多の地元周辺でのみ作られて、食べられていた辛子明太子が全国ブランドになるきっかけは新幹線の博多乗り入れからとされている。新幹線利用客が博多の地元の名産として珍しい「辛い食べもの」を買い求めたり、車内販売の商品となったことで、またたくまに関西、関東圏へと広まったのである。かくして朝鮮由来の「辛子明太子」なる食べものは、博多名物として日本に定着することになった。

韓国に旅行した人たちが、ソウルの南大門《ナムデムン》、東大門《トンデムン》の市場で、辛子明太子が並べられているのを見て、博多ものと同じものが売られている、とぐらいにしか思わないそうである。本場が韓国であることに気づかないということなのだ。それくらい日本各地に辛子明太子が行き渡ったということなのだろう。

明太魚文化

ではどうして朝鮮、韓国が本場なのだろうか。

それは材料のスケトウダラの産地が朝鮮半島の東海岸の北部一帯で、昔から有名な漁場だからである。いまの北朝鮮の咸鏡南道《ハムギョンナムド》の新浦《シンポ》周辺が昔からよく知られた漁場である。

産卵期の冬になると北方の海から群をなしてやってくるスケトウダラは、北部東海岸付近で産卵をしてUターンすることになっている。ところが大群のスケトウダラはUターンしきれないほど押し寄せ、海に戻れず浜に打ち上げられるくらいだという。また雄のスケトウダラの出す精液で海が白濁するのがこの地方の冬の光景だったという。

毎年、十一月から一月にかけての産卵期に、処理できないくらいとれる明太魚の保存食品としての利用が考えられた。ひとつがメスの卵をはずして塩辛にする方法である。初めの頃は塩とニンニクなどの香辛料で調味するものだったが、十八世紀後半頃からトウガラシの普及により、辛い味を強調する食べものへと変わるのである。

卵というのは貴重な材料ということで、明卵ジョッが評判の良い食べものとなり、海から離れた内陸地方、都市部へ商品として流れ人気を得るようになる。朝鮮の釜山でこの味を知った人たちも、釜山で生産されたものではなかったはずである。日本の植民地時代には、北部東海岸地方の元山《ウォンサン》あたりで生産されて流通していたとみてよいだろう。

もうひとつの保存食品は、卵や内臓を抜いた明太魚の干物で、北魚《ブゴ》と呼ばれるものである。

韓国家庭料理店、焼肉店などで干し明太の引き裂いたものを味つけして出されるものがある。明太《メンテ》チャバンと呼ばれるものだが、味つけしないで、そのままトウガラシみそのコチュジャンをつけて酒のつまみにすることも多い。あっさり味で酒によく合う。

この干し明太の北魚は、海から遠く離れた地域の人にとっては貴重な動物性食品であり、保存がきくだけにとっておきの食材となった。萩の木の枝に並べて刺し込み、乾燥したものが明太魚のとれる北の方から流通してくるので、この干し明太を北魚と呼んだとされるくらいである。山村地帯では冠婚葬祭の料理には、便利な食材として活用されたので、北魚《ブゴ》料理は多く見られる。

とりきれないくらい押し寄せた明太魚もいまは北洋でのとりすぎで資源がめっきり少なくなり、干し明太も小粒になってしまった。同じく辛子明太子の明卵ジョッも高級なものになってしまっている。

「ご飯泥棒」――チャンジャ

最近このチャンジャなる食べものに人気が出てきている。これも塩辛のひとつで、スケトウダラが材料に使われることも多くなってきた。

韓国家庭料理店、焼肉店でも顧客の求めに応じて出すところも見られるようになった。辛くて、うま味があり、適当な歯ごたえのする味に、大根などの千切りが少し使われているので、ビールや酒のつまみに、ちょっと一切れくらいがぴったり合う食べものといえよう。このチャンジャとかカレイの塩辛類は食が進むので、「ご飯泥棒」と呼ばれたものだった。

もともとはスケトウダラの明太魚ではなく、真鱈《まだら》（朝鮮語で大口《テグ》、一六七頁）の内臓を塩辛にしたものだった。内臓のほかに鰓《えら》がよく使われていたので、その歯ごたえが特徴だった。ところが近年この真鱈が昔のようにとれず、チャンジャをつくる材料にこと欠くようになってきた。

一方、この食べものは、最近の韓国家庭料理の普及で、人気が出るようになる。そこで味を覚えた人が、チャンジャの「とりこ」になったのか、話題になり、口コミも手伝って人気上昇へとつながったようだ。

もちろん本場の韓国にもあるが、「チャンジャ」という語は一般的ではない。真鱈の内臓の塩辛は「大口《テグ》アガミジョッ」と呼ぶのが正式である。アガミとは鰓のこと、ジョッとは塩辛のことである。また、真鱈の仲間で小型のスケトウダラ（明太魚）の内臓類の塩辛は「腸卵《チャンナン》ジョッ」と呼ばれるのが正式である。

ところが韓国の南の方の一部では、この両者がこんがらがって、両方とも「腸子《チャンジャ》」と呼んで区別しないでいるのだ。いわば南部地方の俗語である。

このことから、韓国の南部地方出身者の多い日本では、真鱈のも、スケトウダラの明太魚のも「チャンジャ」と呼ぶようになってしまっている。これは正式名とはいえない。

二〇〇〇年三月、千葉の幕張メッセのフーデックス（国際食品・飲料展示会）の韓国ブースでの出来事である。

韓国のキムチメーカーが軒を連ねているところで、日本のバイヤーが「チャンジャは置いてないのか」と質問するのを、そばで私が見ていた。ところがソウルからの派遣者は、意味がさっぱり分からないのである。質問している日本人は、朝鮮語で言っているのに通じないのをいぶかしがっている。そこで私が説明することに相成って、双方が了解した。

いま、韓国家庭料理店や一部の焼肉店、そして韓国食材店では、チャンジャという語が通じても、本場では通じないところが多いことを知っておきたい。

付け加えると真鱈の内臓が少なく、チャンジャの需要に追いつけず、偽のチャンジャなるものが出回っている。豚肉などの腸を塩辛にしたものなのだ。歯ごたえがコリコリして似ているので、こんなものが考えられたらしいが、けしからん話である。

ケジャン（蟹の塩辛）

韓国西海岸の郷土料理

わたり蟹《がに》の割ったものにとびっきり辛いタレをつけて、それをかじるようにしていただくのが、ケジャンである。韓国家庭料理店、焼肉店の一部で見られるメニューである。わたり蟹の白い生の身の歯触り、辛いタレがじわっと口中に広がる感じ、こんな味はさすがのさしみ文化国である日本料理にもないだろう。ケジャンは塩辛ではなく、一種のさしみ料理といえよう。一度この味に慣れた人はおいしくてたまらないと、やみつきになってしまう人が多いという。

ケとは蟹のこと、醬《ジャン》とは、この場合はタレを意味し、蟹を使っての塩辛を指しているものだった。海からとれた蟹をよく洗ってからゆでたものを冷まして、改めて塩水を加えて熟成させたものと、いまひとつは蟹をよく洗って水気を切ったあと、濃厚なしょうゆを加えて漬け込み、一週間ほどあとで、そのしょうゆ分だけを沸かし、それを冷ましてまた蟹の器にもどして二〜三週間ほど熟成させるものの二種類がある。この両者とも保存食品の塩辛なのである。このわたり蟹のケジャンは塩辛の多いことで知られる韓国の西海岸、忠清南道《チュンチョンナムド》の地域料理だった。それが近年になって冷凍・運搬手段が発達し、新鮮な蟹などが比較的流通しやすくなってきてからは、熟成させて食べるよりも新鮮な方がよいということになった。それでしょうゆのタレに辛味をたっぷり加える方法に変わったのだが、呼び方は塩辛と同じにケジャンとしてしまったのである。いってみれば、名称は同じだが内容が変化してしまったわけだ。

それで塩辛でもないのに、塩辛を連想するケジャンという呼び方が根を下ろす結果になったのである。一般化したのは、ここ二、三十年くらいのことだろうか。

だが、わたり蟹の生の食べ方としては、ユニークな方法だし、おいしさに於いては、断然この「さしみ法」の方が良い。だから塩辛法の方はすたれ、さしみ型ケジャンに人気が集まったのであろう。

朝鮮語でわたり蟹のことをコッケと呼ぶ。コッとは花のこと、ケは蟹、つまり花蟹といえようか。このコッケの料理法の中でも、ケジャン料理法が大人の中では、もっとも人気のあるものとなっているという。国内産だけでは足りないので輸入もしているが、二〇〇〇年八月には中国からの輸入品に鉛が腹の中に隠されていて大騒ぎになった。重量あたりで取り引きされるので、重くするためにわたり蟹の腹に重い鉛を忍ばせて、高い数値にしようとしたわけだ。それだけわたり蟹の需要が多いということになろうか。わたり蟹でない海産の小型のものも、塩辛にしてご飯のおかずになっていることを付け加えておきたい。

牡蠣の塩辛

牡蠣《かき》の塩辛を出してくれる韓国家庭料理店がある。また焼肉店のキムチの中には牡蠣の塩辛を使ったものがみられることもある。

朝鮮半島では牡蠣の塩辛は有名で、その種類が多い。生牡蠣に酢を利かせて塩味で調えたさしみタイプの「塩辛」は、やはり酒の肴《さかな》によく合うメニューとなる。焼肉の脂身のこってりしたのと対照的に、ぬるりと柔らかく、冷たく、酸味の利いたさわやかさは、また格別な味わいである。

このメニュー、日本式にいうならば、生牡蠣なので、さしみといえるだろう。これも塩辛のつくり方から変遷してきたものと考えられる。

朝鮮半島では牡蠣はよくとれる。牡蠣のことはクㇽと呼び漢字では石花と表す。石に咲く花の如し、という意味だろう。

とくによく知られるのが、南海岸の慶尚南道《キョンサンナムド》地方と西海岸の忠清南道地方である。牡蠣の塩辛は仕込んで熟成期間が長いものほどよいということが伝統になっている。西海岸の塩辛産地では、牡蠣の塩辛三年もの、五年ものというのがあり、年数が長いほど高価になっている。これらはそのままいただくことが主だが、漬物のキムチをつくるときの副材料としても使われるし、鍋物料理のときにちょっと加えることで、調味料代わりにもなる。

ご飯のおかずなり、キムチの薬味に使われるような牡蠣の塩辛は、牡蠣の身をつぶしている。

生牡蠣と粉トウガラシを石臼ですりつぶし粥状にしたものに塩を加えて熟成させるのである。温かい部屋か陽の当たる場所に数日間置くことで十分に熟成するのである。

これに酢の味を少し加えるか、さらにゴマ油とすりニンニクを加えて軽く蒸したものをご飯のおかずにしたり、キムチづくりの薬味としたものである。これが変化して、新鮮な牡蠣の身をそのまま、トウガラシ、ニンニクと合わせ、軽く酢をして膾《なます》つまりさしみのように用いることとなったのである。

そして食べる人の受けとめ方は「牡蠣の塩辛」となってしまっているわけだ。

アミとかたくちいわし

アミのことをセウと呼ぶ。セウとは海老のことなのだが、アミのように小さいのも大きい海老と同じく扱ってしまっているわけだ。

もっとも庶民的な塩辛で、ときにはご飯のおかず、または調味料、キムチ漬けの薬味にと用途は広い。焼肉店、韓国家庭料理店でチゲ鍋類のスープの調味に隠し味のように使われることが多い。これを完全に液体化した調味料も出回っている。秋田県にある「しょっつる」や石川県地方の「いしり」のように魚醬として用いるのである。

同じく庶民的な塩辛にミョルチジョッがある。ミョルチとは、かたくちいわし、こうなごの類のこと。これは形をくずしてないものはご飯のおかずとして用い、キムチ漬けに用いるときは、熟成を進めて殆ど身も骨も溶けてしまったような状態にして用いられていた。

だが、これも商品化が進んで韓国では完全液体化のものが出回るようになっている。それでも材料が分かるようにするため、少々の身や骨はわざと残されているようだ。

この塩辛はかたくちいわしなどが入手できればつくるのが難しくない。日本の焼肉店で味にこだわる人や、キムチづくりに取り組む人たちは、自分で簡単にこれをつくりこなしている。

焼肉店で塩辛類の一品をそのままメニューにしているところはあまりない。しかし、焼肉以外のキムチ、鍋物類の隠し味的なところで、大切な役割を果たしていることは知っておこう。

塩辛文化圏

塩辛は魚介類の保存食品のひとつである。とくにアジアで発達している。世界の他地域にも散発的に分布しているが、アジアの食生活に密接に結びついているのは、米食文化圏ということがある。

塩辛のような食べものがご飯によく合うということもあるが、ご飯と合わせて保存して発酵した「馴れずし」になることの価値も大きい。ご飯のある馴れずしも、それのないただの塩辛も、人の知恵としてみれば同じ「文化」である。

塩辛の分布している地域には、大体この馴れずし系統のものがみられる。そしてこの馴れずしのルーツは稲の原産地とされる東南アジアにある。稲作の伝播《でんぱ》とともに魚の保存法であり、調味料である塩辛の魚醤類が定着してきたとみてよいだろう。

日本の各地に馴れずしがみられる。琵琶湖の鮒ずしもその典型であるが、淡水魚のものより海の魚介類のものが圧倒的に多い。秋田のハタハタずし、富山のマスずし、金沢のカブラずし、福井の鯖《さば》ずしなど、有名なもの以外にも、各地方に広く分布している。

そして同じその地方には塩辛の魚醤が必ずみられたものだった。少なくとも明治時代まで、北陸地方の調味料の多くは、塩辛の液体である魚醤に頼っていたことが分かっている。工業生産のしょうゆが普及して魚醤はすたれたが、いまなお残っている秋田の「しょっつる」、能登の「いしり」はそれである。

朝鮮半島も全く同じである。稲の伝播に伴ったものかどうかは別にして、古くから塩辛の魚醤と馴れずしは海岸線に住む人たちの大切な生活文化であった。猪の肉や皮を用いた馴れずしの「食醢《シッケ》」というのも記録されており、内陸の人たちもこの文化を持っていたことが分かる。日本と同じくこれらの伝統文化は生活の現代化の影響を受けているが、塩辛、その液体の魚醤、それと馴れずしの食醢は健在である。

一九八〇年の韓国文化財管理局による調査では、塩辛類が約百種以上、食醢類が約三十種以上記録されている。ソウルの西方の仁川《インチョン》の近くにある塩辛専門の市場、蘇来《ソレ》市場では、キムチづくりのシーズンともなると、大量の塩辛を求める車で道路が完全にマヒすると聞いた。

馴れずしの食醢類は東海岸地域で有名なのが多い。北の方からは咸鏡道《ハムギョンド》のハタハタの食醢、これは秋田のハタハタずしと同じ。少し下がってくるとスケトウダラ、カレイの食醢が有名、白身の魚が多い。南に下がってくるとサンマの「カメギ」と呼ばれる発酵食品もみられる。

朝鮮半島の馴れずしである食醢の分布が、東海岸すなわち日本海側に多いことと、日本の馴れずしの有名なところが、やはり北陸、山陰の日本海側に多いことは偶然ではないだろう。「環日本海文化」としてとらえることの出来る生活文化であるといって過言ではない。

あとがき

本書冒頭でも触れたが、日本の焼肉店は、敗戦後に生活の糧として始められたもので、「もうかるから焼肉店でもやろうか」という人がほとんどであった。しかも、在日の朝鮮・韓国人の生活の延長から生まれたものだったから、料理の理論や知識などは皆無だったのである。

ずいぶん前の話だが、私自身、焼肉店の経営者からこんな相談をうけて、びっくりしたことがある。

「トウガラシのような辛いものを、キムチや料理にふんだんに使って、体に悪いことはないのでしょうか……」

自分が出している料理に自信がないのである。その他にも、経営者のなかには、焼肉店を天職と心得ず、金さえ貯まればもっと楽な商売に転業したいという人がいることを知るにつけ、心が痛んだものである。

食文化にいささかでもかかわる者として私は、かねてより焼肉店の経営者や従業員に、正確な情報を伝えたいと考えてきた。焼肉のみならず、「食の文化と科学」を知ることは大事なことだと感じていたのである。

私が研究を思い立った二十四年前、韓国・朝鮮の民族料理について、そのような研究をしている人は見当たらなかった。以後、今までに単著、共著を合わせて三十冊近くの書を出してきた。その多くは、料理のつくり方や科学的側面、文化的背景を解説するものだったが、読者としては、経営者や料理人など、いわば専門家を相手にしたものが多かった。

しかし、本書は専門家ではなく、一般の読者に親しんでいただけるよう、「食べる側」の視点を強調したつもりである。メニューを項目だてにしたのも、そういう配慮からである。以前から、こんな本を書いてみたいと思っていたので、この企画を持ちかけられたときは、まさに我が意を得たりであった。

幸い、すでに折りに触れメニュー解説の原稿を書いていたので、喜んで引き受けたのだが、いざ書き始めてみると案外、時間がかかった。今さらながら、読者の視点で書くというのは、なかなか難しい仕事だと痛感している。

締め切りを過ぎても脱稿しない私を辛抱強く励まし、適切なアドバイスを下さった新潮社の中村睦氏に感謝する次第である。

本書が焼肉店の経営者のみならず、焼肉を食べる読者の方々に役立つことを祈ってやまない。

二〇〇一年六月

鄭大聲

その後の焼肉業界の発展——文庫化にあたって

滋賀県立大学人間文化学部で、「食文化論」、「韓国料理実習」「嗜好と調理」などを担当していたときから、私は叙々苑《じょじょえん》の新井泰道会長と共に「全国焼肉協会」で仕事をする立場であった。

大学を定年で退職すると、「焼肉トラジ」の顧問として、従業員の教育を担当することになり、今日に至っている。

今回、筑摩書房から、『焼肉は好きですか?』を『焼肉大学』とタイトルを改め、ちくま文庫として出したいとのことで、引き受けさせていただき、いくつかを書き加えることになった。

焼肉トラジの取り組み

焼肉トラジでは「焼肉大学」なるカリキュラムをつくり、従業員の人たちに焼肉にかかわる知識を正確に身につけてもらうことに取り組んでいる。

焼肉の歴史から、メニューの栄養価値に至るまでを内容として、取り上げている。

この勉強会は受講者にとって、知識がしっかりと身につき、自分の仕事の自信と意欲につながる大切なカリキュラムなのである。

トラジの社員（アルバイトは別）にとっては、この「焼肉大学」の学習があってこそ、働くことへの誇りにつながってくるわけである。

その主なる内容は、

①焼肉料理の歴史、とくに日本に於ける発展経過
②焼肉料理の特徴と栄養成分
③各メニューの味つけ、調味料の特徴
④料理に出される酒類、とくに韓国の酒

で、それぞれについて、具体的に取り上げる。例えば韓国の酒、「マッコルリ」（どぶろく）、焼酎については、本場のものを用いて勉強することなどがよい例であろう。

ユッケの復活

牛肉のさしみ料理「肉膾《ユッケ》」についてのトラジの取り組みをみよう。

二〇一一年に、富山、福井、石川、神奈川の焼肉店で、「ユッケ」とは名ばかりの肉のさしみで、「事件」が起こった。生食に適さない牛肉を不衛生に出して大勢が食中毒となり、五人の方が亡くなったのだった。

焼肉の「通《つう》」の人にとっては大きなショックであり「損失」といえる「事件」であった。

焼肉通の間では、魚のさしみ感覚で、新鮮な生肉の「ユッケ」や「レバー刺し」の人気が高かったからである。

焼肉店では「ユッケ」、「レバー刺し」は出せなくなった。

これに対処してトラジでは対策を練った。

牛肉のユッケになる部位を新鮮で衛生的な処理をして立派な「肉膾メニュー」をつくり上げたのである。

焼肉トラジのとっておきの一品で、愛好者に大いに受けている評判メニューである。やがてトラジ以外でも出されるようになり、ユッケは焼肉店での人気メニューに復活している。

筆者の場合、焼肉店で食事をするときは、このユッケをいただくのが、目的といえるくらいである。食べ慣れるとやめられない。もちろん魚もさしみが大好物ではある。肉であれ、魚であれ、野菜だって新鮮なものがよいことは誰もが知っている。

焼肉店で、「焼く」だけでないおいしいメニュー「ユッケ」があることを思い出していただきたい。

牧場の経営

トラジが、埼玉県に牛の牧場を持ったのは二〇一三年からである。焼肉店でお客様に提供する牛肉を自家生産するわけである。すべての焼肉材料を自家生産するわけではないが、新鮮でおいしい素材をできるだけ自分たちでつくりたいという意図からの牧場経営である。

日本全国七十四店で、同じ材料のメニューを出すのに、材料の牛肉が同一種であることは、焼肉トラジを利用されるお客様にとって、どの店舗でも同じ水準の味が期待でき、経営するサイドからも好都合である。

焼肉は国民食である

紹介するのが最後になってしまったが、十五歳のときから焼肉ひと筋に生きてきた叙々苑の新井泰道会長が、「多年外食産業に従事し斯業の発展に尽力した」として、二〇一七年四月二十九日に、「黄綬褒章」を受章された。焼肉業界に携わってきた者としてこんなにうれしいことはない。心からお祝い申し上げるとともに、焼肉は今や日本の国民食なのだということを、強く実感している。

二〇一七年九月

鄭大聲

解説　焼肉がさらに美味しくなる本

金信彦

私どもトラジでは、「食文化を通じ、お客様を幸せにする企業」を理念とし、焼肉店の経営を、「ビジネス」というよりも「異文化交流」のような切り口で考えています。その理念を徹底させるために、社内に「焼肉大学」という研修施設を設け、従業員教育に努めております。本書の著者・鄭大聲顧問には、焼肉大学の「焼肉・韓国食文化」コースをお願いしており、まさにこの本に書いてあることを、お話しいただいております。「異文化交流」に欠かせない内容ですので、鄭先生のコースは、トラジに入社した新入社員全員に受講させています。そして、このコースを受け、この本を読んだからお客様の質問に答えることが出来た、と喜んで報告してくれる従業員もおります。

焼肉店のない町はないというほど、日本の社会には焼肉文化が根付いております。また、トラジにも焼肉好きが高じて入社してくる社員がいます。しかし、焼肉のメニューの一品一品の歴史的背景となると、ベテランの焼肉店経営者でも、焼肉通の方でも知らないことが多いのではないでしょうか。

誰もが知っている、定番焼肉メニューの一つ一つは、ある日突然、偶然に出来上がったものではありません。長い歴史の中で、人々の生活の知恵が積み重なって生み出されたものです。たとえば、なぜユッケには赤身肉が使われているのか、ということも、ユッケが生まれた頃の牛の肉質を考えると、合点がゆきます。カルビ、ハツ、センマイ刺し、キムチ、カットゥギ、ナムル、コムタン、テグタン等々、それぞれの料理には誕生の秘話があり、定番メニューとして定着しているのにはわけがあります。この本を読んで歴史的・文化的背景を知ると、焼肉がもっと美味しく、楽しく感じられるのではないでしょうか。

さらに私は、焼肉は「味も栄養も王様だ」と考えています。ひとびとの暮らしの知恵から生まれた料理は、美味しいのはもちろんのこと、科学的に見ても素晴らしい価値を持っています。鄭先生は理学博士でらっしゃいますが、私は「焼肉大学」の授業で、焼肉料理の健康にもたらす効果が世界的に認められていることを知りました。ワカメスープやニンニク、サンチュの項目を読んで、料理の持つ意外な効能に驚く方もいらっしゃると思います。

焼肉料理を単に楽しむのもよいですが、この本を読んでから、また読みながら食べると、いままでとは違った味わいを口中に感じることと思います。私もそう感じた一人ですので、請け合います。本書はこれからも焼肉の教科書の決定版として読み継がれることでしょう。

（キム・シノン　焼肉トラジ社長）

本書は二〇〇一年七月二〇日に新潮社から刊行された『焼肉は好きですか?』を、加筆の上、文庫化したものである。

『洋酒天国』とその時代
小玉武

開高健、山口瞳、柳原良平……個性的な社員たちが創ったサントリーのPR誌の歴史とエピソードを自ら編集に携わった著者が描き尽くす。（鹿島茂）

呑めば、都
マイク・モラスキー

赤羽、立石、西荻窪……ハシゴ酒から見えてくるのは、その街の歴史。古きよき居酒屋を通して戦後東京の変遷に思いを馳せた、情熱あふれる体験記。

幕末単身赴任 下級武士の食日記 増補版
青木直己

きな臭い世情なんてなんのその、単身赴任でやってきた勤番侍が幕末江戸の〈食〉を大満喫！ 残された日記から当時の江戸のグルメと観光を紙上再現。

「月給100円サラリーマン」の時代
岩瀬彰

物価・学歴・女性の立場――。豊富な資料と具体的なイメージを通して戦前日本の「普通の人」の生活感覚を明らかにする。（パオロ・マッツァリーノ）

食品サンプルの誕生
野瀬泰申

世界に類を見ない日本独自の文化・食品サンプルはいつどのようにして生まれなぜここまで広がったのか。その歴史をひもとく唯一の研究を増補し文庫化。

昭和の洋食 平成のカフェ飯
阿古真理

小津安二郎『お茶漬の味』から漫画『きのう何食べた？』まで、家庭料理はどう描かれ、作られてきたか。社会の変化とともに読み解く。（上野千鶴子）

酒のさかな
高橋みどり

ささっと切ったり合わせたり、気のきいた器にちょっと盛ればでき上がり。ついつい酒が進む、名店「にぼし」店主・船田さんの無敵の肴98品を紹介。

わたしの日常茶飯事
有元葉子

毎日のお弁当の工夫、気軽にできるおもてなし料理、見せる収納法やあっという間にできる掃除術など。これで暮らしがぐっと素敵に！（村上卿子）

泥酔懺悔
朝倉かすみ、中島たい子、瀧波ユカリ、平松洋子、室井滋、中野翠、西加奈子、山崎ナオコーラ、三浦しをん、大道珠貴、角田光代、藤野可織

泥酔せずともお酒を飲めば酔っ払う。お酒の席は飲める人には楽しく、下戸には不可解。お酒を介した様々な光景を女性の書き手が綴ったエッセイ集。

大阪 下町酒場列伝
井上理津子

夏はビールに刺身。冬は焼酎お湯割りにおでん。呑ん兵衛たちの喧騒の中に、ホッとする瞬間を求めて、歩きまわって捜した個性的な店の数々。

旅情酒場をゆく　井上理津子

ドキドキしながら入る居酒屋。心が落ち着く静かな店も、常連に囲まれ地元の人情に触れた店も、それもこれも旅の楽しみ。酒場ルポの傑作！

身近な雑草の愉快な生きかた　稲垣栄洋　三上修・画

名もなき草たちの暮らしぶりと生き残り戦術を愛情とユーモアに満ちた視線で観察、紹介した植物エッセイ。繊細なイラストも魅力。（宮田珠己）

そば打ちの哲学　石川文康

そばを打ち、食すとき、知性と身体と感覚は交錯し、人生の風景が映し出される――この魅惑的な世界を楽しむためのユニークな入門書。（四方洋）

ダダダダ菜園記　伊藤礼

畑づくりの苦労、楽しさを、滋味とユーモア溢れる文章で描く。自宅の食堂から見える庭いっぱいの農場で〝伊藤式農法〟確立を目指す。（宮田珠己）

酒場めざして　大川渉

東京の街をアッチコッチ歩いた後は、酒場で一杯！繁華街の隠れた名店、場末で見つけた驚きの店などを酒場の達人が紹介。（堀内恭）

中央線で行く東京横断ホッピーマラソン　大竹聡

東京〜高尾、高尾〜仙川間各駅の店でホッピーを飲む！　文庫化にあたり、仙川〜新宿間を飲み書き下ろし、各店データを収録。（なぎら健壱）

酒呑まれ　大竹聡

酒に淫した男、『酒とつまみ』編集長・大竹聡が、酒とともに出会った忘れられない人々との思い出を自らの半生とともに語る。（石田千）

多摩川飲み下り　大竹聡

始点は奥多摩、終点は川崎。多摩川に沿って歩き下っては、飲み屋で飲んだり、川原でツマミと缶チューハイ。28回にわたる大冒険。（高野秀行）

あさめし・ひるめし・ばんめし　日本ペンクラブ編　大河内昭爾選

味にまつわる随筆から辛辣な批評まで、食の原点がここにある。文章の手だれ32名による庖丁捌きも鮮やかな自慢の一品をご賞味あれ。（林望）

銀座の酒場を歩く　太田和彦

当代きっての居酒屋の達人がゆかりの街・銀座を呑み歩き。老舗のバーから蕎麦屋まで、銀座の酒場の粋と懐の深さに酔いしれた73軒。（村松友視）

中華料理秘話
泥鰌地獄と龍虎鳳　南條竹則
泥鰌が豆腐に潜り込むあの料理「泥鰌地獄」は実在するのか？「龍虎鳳」なるオソロシげな料理の材料とは？　文庫書き下ろし、至高の食エッセイ。

中島らもエッセイ・コレクション　中島らも　小堀純編
小説家、戯曲家、ミュージシャンなど幅広い活躍で没後なお人気の中島らもの魅力を凝縮！　酒と文学とエンターテインメント。（いとうせいこう）

世界ぶらり安うま紀行　西川治
屋台や立ち食いや、地元の人しか行かないような店でこそ、本当においしいものが食べられる。世界を食べ歩いた著者の究極グルメ。カラー写真多数。

いつも食べたい！　林望
うまいもの、とは何か。食について考えだすと止まらない著者が、食とその背景にある文化について縦横無尽につづった文庫オリジナルエッセイ集。

玉子ふわふわ　早川茉莉編
国民的な食材の玉子、むきむきで抱きしめたい！　森茉莉、武田百合子、吉田健一、山本精一、宇江佐真理ら37人が綴る玉子にまつわる悲喜こもごも。

なんたってドーナツ　早川茉莉編
貧しかった時代の手作りおやつ、日曜学校で出合った素敵なお菓子、毎朝宿泊客にドーナツを配るホテル、哲学させる穴……。文庫オリジナル。

買えない味　平松洋子
一晩寝かしたお芋の煮っころがし、土瓶で淹れた番茶、風にあてた干し豚の滋味……日常の中にこそある、おいしさを綴ったエッセイ集。（中島京子）

買えない味2
はっとする味　平松洋子
刻みパセリをたっぷり入れたオムレツの味わいの豊かさ、ペンチで砕いた胡椒の華麗な破壊力……身近なものたちの隠された味を発見！（室井滋）

貧乏サヴァラン　森茉莉　早川暢子編
オムレット、ボルドオ風茸料理、野菜の牛酪煮……。食いしん坊茉莉は料理自慢。香り豊かな〝茉莉ことば〟で綴られる垂涎の食エッセイ。文庫オリジナル。

谷中スケッチブック　森まゆみ
昔かたぎの職人が腕をふるう煎餅屋、豆腐屋。子供たちでにぎわう路地、広大な墓地に眠る人々。取材を重ねて捉えた谷中の姿。（小沢信男）

名セリフ！ 鴻上尚史

古今東西の名戯曲から選び抜いた31の名セリフ。作家と作品の解説から、作家に対する著者の思い、演劇に対する情熱が伝わる一冊。（恩田陸）

ウルトラマン誕生 実相寺昭雄

オタク文化の最高峰、ウルトラマンが初めて放送されてから40年。創造の秘密に迫る。スタッフたちの心意気、撮影所の雰囲気をいきいきと描く。

ウルトラ怪獣幻画館 実相寺昭雄

ジャミラ、ガヴァドン、メトロン星人など、ウルトラマンシリーズで人気怪獣を送り出した実相寺監督が書き残した怪獣画集。オールカラー。（樋口尚文）

魯山人の世界 白崎秀雄

魯山人芸術の本質は、彼の「書」のなかにある。世間の俗説を一刀両断し、鋭い観察眼と豊富な知識を基に、新たな魯山人像を提示した意欲作。

「小津安二郎日記」を読む 都築政昭

本人が綴った25冊の日記と膨大な同時代資料を丹念に読み解き、〝人間・小津安二郎〟の姿を鮮やかに浮かび上がらせる小津研究の傑作。（中野翠）

小津映画 粋な日本語 中村明

「ちょいと」「よくって？」……日本語学の第一人者が、小津映画のセリフに潜む、ユーモア、気遣い、哀歓を読み、味わい、日本語の奥深さを探る。

京都、オトナの修学旅行 赤瀬川原平 山下裕二

子ども時代の修学旅行では京都の面白さは分からない！ 襖絵も仏像もお寺の造作もオトナだからこそ味わえるのだ。（みうらじゅん）

身近な野菜のなるほど観察録 稲垣栄洋 三上修・画

「身近な雑草の愉快な生きかた」の姉妹編。なじみの多い野菜たちの個性あふれる思いがけない生命の物語を、美しいペン画イラストとともに。（小池昌代）

新宿駅最後の小さなお店ベルク 井野朋也

新宿駅15秒の個人カフェ「ベルク」。チェーン店にはない創意工夫に満ちた経営と美味さ。帯文＝奈良美智（柄谷行人／吉田戦車／押野見喜八郎）

愛と情熱の日本酒 山同敦子

うまい酒の裏にドラマあり。いまやその名が世界に轟く名蔵元の、造り手たちを丹念に取材したルポ。著者厳選、最新おすすめ百十四銘柄リスト付き！

酔客万来　酒とつまみ編集部編

中島らも、井崎脩五郎、蝶野正洋、みうらじゅん、高田渡という酒飲み個性派5人各々に、『酒とつまみ』編集部が面白話を聞きまくる。抱腹絶倒トーク。

「食の職」新宿ベルク　迫川尚子

新宿駅構内の安くて小さな店で本格的な味に出会えるのはなぜか？　副店長と職人がその技を伝える。メニュー開発の秘密、苦心と喜び。（久住昌之）

今夜も赤ちょうちん　鈴木琢磨

居酒屋には、不平不満も笑いも悲哀も包み込んでくれる空間がある。人気の居酒屋探訪コラムから厳選された名店を収録。今夜はどこに寄っていこうか。

味覚日乗　辰巳芳子

春夏秋冬、季節ごとの恵み香り立つ料理歳時記。日々のあたりまえの食事を、自らの手で生み出す喜びと呼吸を、名文章で綴る。（藤田千恵子）

諸国空想料理店　高山なおみ

注目の料理人の第一エッセイ集。世界各地で出会った料理をもとに空想力を発揮して作ったレシピ。よしもとばなな氏も絶賛。（南椌椌）

くいしんぼう　高橋みどり

高望みはしない。ゆでた野菜を盛るくらい。でもごはんはちゃんと炊く。料理する、食べる、それを繰り返す、読んでおいしい生活の基本。（高山なおみ）

辻調が教えるおいしさの公式（全4巻）　辻調理師専門学校編

いつものメニューが大変身！　家庭料理の腕を上げるプロの技満載。定番料理、本格料理、和洋中デザートすべて揃った便利なシリーズ。

辻調が教えるおいしさの公式　西洋料理　辻調理師専門学校編

ふだんの家庭料理にプロの料理人のエッセンスをほんの少し加えることで格段においしくなる、そんな公式をお教えします。使えるレシピが盛りだくさん。

辻調が教えるおいしさの公式　洋菓子　辻調理師専門学校編

家庭でも簡単に本格的な洋菓子がつくれます。プロの料理人がこだわりの技とコツを披露。優雅なひとときを楽しむための、とっておきレシピ満載！

辻調が教えるおいしさの公式　中国料理　辻調理師専門学校編

チャーハンや餃子などポピュラーな家庭料理をもっとおいしくするコツとともに、おもてなしのための本格的なレパートリーも一挙紹介します！

野菜の効用　槇佐知子
ゴボウは糖尿病や視力回復に良い、足腰の弱い人はゴボウと鶏肉の煮込みを。普段食べている野菜を上手に使って健康な体を！　（永井良樹）

最強の基本食がんを防ぐ　幕内秀夫
「ごはん、味噌汁、漬物」を基本に油脂と砂糖を避ける。その美味しくて簡単な方法を伝授。食の安全が問われる今こそ最強の基本食。対談＝帯津良一

丸元淑生のシステム料理学　丸元淑生
料理はシステムであり、それを確立すれば安く、おいしく、栄養豊富な食事が家庭でできる。「男の料理」ブームを巻き起こした名著復活。　（丸元喜恵）

ビール世界史紀行　村上満
ビール造りの第一人者がたどるビールの歴史。メソポタミアでの発祥から修道院でのビール造り、日本への伝来まで。ビール好き必携の一冊。

つげ義春の温泉　つげ義春
マンガ家つげ義春が写した温泉場の風景。一九六〇年代から七〇年代にかけて、日本の片すみを旅した、つげ義春の視線がいま鮮烈によみがえってくる。

うなぎ　浅田次郎選　日本ペンクラブ編
庶民にとって高価でも何故か親しみのあるうなぎ。そのうなぎをめぐる人間模様。岡本綺堂、井伏鱒二など、小説九篇に短歌を収録。　（平松洋子）

カレーライスの唄　阿川弘之
会社が倒産した！　どうしよう。美味しいカレーライスの店を始めよう。若い男女の恋と失業と起業の奮闘記。昭和娯楽小説の傑作。　（平松洋子）

北大路魯山人（上）　白崎秀雄
魯山人とは何者か。篆刻、書画、陶芸、料理に天才的な技を見せ、大きな影響を残した波乱の生涯を、精細な取材によって照らしだす傑作長編評伝。

北大路魯山人（下）　白崎秀雄
美食家として星岡茶寮の隆盛と芸術家としての成功・華やかな人間関係。一方で絶えることのない周囲との軋轢、そして不遇な晩年。傑作評伝完結。

美食俱楽部　谷崎潤一郎大正作品集　種村季弘編
表題作をはじめ耽美と猟奇、幻想と狂気……官能的な文体によるミステリアスなストーリーの数々。大正期谷崎文学の初の文庫化。種村季弘編で贈る。

中華料理の文化史　張競

フカヒレ、北京ダック等の歴史は意外に浅い。ではそれ以前の中華料理とは？　孔子の食卓から現代まで、風土、異文化交流から描きだす。（佐々木幹郎）

中島らも短篇小説コレクション　中島らも　小堀純編

珠玉の未発表作品「美しい手」、単行本未収録の「〝青〟を売るお店」を筆頭に厳選。ユーモラスで、ホラーで、抒情的な作品集。（松尾貴史）

笑いで天下を取った男　難波利三

吉本興業創立者・吉本せい。その弟・林正之助は、姉を支え演芸を大きなビジネスへと築きあげたのだった。「小説吉本興業」改題文庫化。（澤田隆治）

通天閣　西加奈子

このしょーもない世の中に、救いようのない人生に、ちょっぴり暖かい灯を点す驚きと感動の物語。第24回織田作之助賞大賞受賞作。（津村記久子）

漱石先生がやって来た　半藤一利

小説家か、帝大教授か。生涯の分岐点となった一年を福猫、半兵衛の目を通して描く表題作に、興味深い逸話を集めた「千駄木町の漱石先生」を併録。

小説　浅草案内　半村良

バブル直前の昭和の浅草。そこに引っ越してきた独り暮らしの作家。地元の人々との交流、風物、人情の機微を虚実織り交ぜて描く。（いとうせいこう）

とりつくしま　東直子

死んだ人に「とりつくしま係」が言う。モノになってこの世に戻れますよ。妻は夫のカップに弟子は先生の扇子になった。連作短篇集。（大竹昭子）

キオスクのキリオ　東直子

「人生のコツは深刻になりすぎへんこと」。キオスクで働くおっちゃんキリオに、なぜか問題をかかえた人々が訪れてくる。連作短篇。イラスト・森下裕美

新編　酒に呑まれた頭　吉田健一

旅と食べもの、そして酒をめぐる気品とユーモアの名文のかずかず。好評『英国に就て』につづく含蓄のあるエッセイ第二弾。（清水徹）

つむじ風食堂の夜　吉田篤弘

それは、笑いのこぼれる夜。——食堂は、十字路の角にぽつんとひとつ灯をともしていた。クラフト・エヴィング商會の物語作家による長篇小説。

ちくま文庫

焼肉大学《やきにくだいがく》

二〇一七年十一月十日　第一刷発行

著者　鄭大聲（チョン・デソン）

発行者　山野浩一
発行所　株式会社　筑摩書房
東京都台東区蔵前二―五―三　〒一一一―八七五五
振替〇〇一六〇―八―四一二三

装幀者　安野光雅
印刷所　中央精版印刷株式会社
製本所　中央精版印刷株式会社

ISBN978-4-480-43480-7 C0177